「モテない人」と「仕事がない人」の習慣

ダメ男、38のエピソード

ヒロシ 著
小田原ドラゴン 絵

basilico

はじめに

最近、ファンの人から妙なお便りをもらいました。

いや、手紙自体は普通の手紙なんですが、ある一行に目がとまったのです。

「ヒロシさんのネガティブさに、とても癒されました！」

癒された？　なんで？

頭の中に「？」がいくつも浮かびました。

「ヒロシです。」のフレーズではじまるネタは、すべて僕自身の報われない日常を切りとったものに過ぎませんし、昨年出版した日めくりカレンダーだって、仕事がなくて暇なときに思っていたことを書き出しただけに過ぎません。

そんな僕の暗くて湿ったエピソードや言葉に、人を癒す要素なんてあるはずがないんです。

昔から、僕は自己啓発書を読むのが好きです。成功をおさめた〝勝ち組〟の著者が、自らの人生を誇り、力強く「あなたにもできる！」と背中を押してくれると、いつもは下ばかり見て生きている僕にも勇気が湧いてきます。

「よし！　再ブレイクしてやるぞ！」

と心機一転、フレッシュな気持ちで新しいネタづくりに没頭できるんです！　……と言いたいところですが、ページをめくっているときから、

「できるわけない……」

とあきらめの薄笑いを浮かべてしまいます。

そもそも、毎日が忙し過ぎる再ブレイクなど、僕は望んでいないのです。

「がんばらなくても、なんとか生きてはいける」

そんな僕が綴った38のダメ男エピソードです。

読み終わっても、あとには何も残りませんので、期待しないでください。

もくじ

第一章 今も昔も…… p.7
第二章 モテと青春 p.49

第三章 芸人、ヒロシ p.83

第四章 釣りとキャンプ p.129

第一章

今も昔も……

初めての釣りとO君の災難

テレビに出なくなると、僕の周りから人がいなくなりました。

「これ、壊れとらんかね？」

と確かめてしまうほど、まったく携帯も鳴らない始末でした。

毎日あまりに暇なので、釣りを始めることにしました。

今はキャンプに心が移り、あまり行かなくなってしまいましたが、当時はよく東京湾《とうきょうわん》にスズキを釣りにいったり、CSの釣り番組もやらせてもらったりして、それなりにハマったものです。


初めて釣りをしたのは、小学校三年生の頃。

僕が育った熊本県《くまもと》の荒尾《あらお》というところは海沿いの町で、海岸には有明海《ありあけかい》のだだっ広い干潟が広がっています。

釣りキチ三平が「ガタスキー」と呼ばれるソリに乗り、独特の長い竿を振るってムツゴロウという魚を引っかける、伝統的な釣りをやっていた泥の海です。

子どもの頃から、僕もこの海でムツゴロウを……と言いたいところですが、そんな難しい釣りができるはずがありません。

僕の釣り場は緑色の汚水が溜まる防火水槽で、相手は小さなフナでしたから、釣りキチ三平も素通りするようなささやかなものでした。

僕が釣りを始めたきっかけは、駄菓子屋にありました。

いつも学校帰りに立ち寄るお店の棚に、ホコリをかぶった釣りの仕掛けセットが百円で売られているのを発見して、僕の好奇心に小さな灯がともったのです。

はっきりいって、一カ月七五〇円のお小遣いで百円の買いものはデカく、しかも針は一本きりで、引っかけて釣り糸が切れたらおしまいですから、失敗も許されません。

というわけで、九歳の子どもなりに緊張感をもって、その仕掛けを買いました。

その防火水槽は、有刺鉄線のついた金網で取り囲まれていました。でも、誰が開けたのか錆《さ》びついた金網には適当な穴がいくつも開いていたので、そこから腕を突っ込んで腕を竿のようにして釣りました。

「四畳半ほどの汚水が世界のすべて」という哀れなフナを釣ってはバケツに貯めて、その帰りに友達の家の庭先にある水瓶《みずがめ》の中へ勝手に放り込んでいました。この水瓶には、別のドブ川で釣った食用ガエルも無断で放り込んでいたので、驚いた友達の親によく怒られました。

その防火水槽には、今思い出してもニヤけてしまう思い出があります。

あの頃の僕は、同級生のO君によくいじめられていました。ときには空き瓶を頭に投げつけられ、三針を縫うケガをしたこともあります。

O君は、背も低く、ケンカも弱いのですが、「怖いお兄さんがいる」というだけで、いつもいばり散らす最低の子どもでした。

ある日、彼がここで大ケガをして、救急車で運ばれることになったのですが、あまりの痛みに泣き叫ぶO君の姿を思い出すたびに、今でも溜飲《りゅういん》が下がる思いです。あのザマミロ感が少年期の楽しい思い出になってしまうあたりに、芸人ヒロシとしての業《ごう》を感じずにはいられません。

美食系の悪ガキ

僕は、炭鉱の町に生まれ育ちました。友達の多くは炭鉱夫の倅《せがれ》であり、娘であったわけで、防火水槽で大ケガをした最低野郎のO君もそのひとりです。

なぜか、仲が良くもないO君の家に遊びにいったことがあります。

彼の部屋には、きわどい水着のグラビアやアイドルのポスターなどが壁という壁、さらに天井にまでも貼られていました。

それを見た僕はものすごく驚きました。だって、小学校三年生です。

「親もおるのに、恥ずかしくなかとやろか？」

もちろん体の機能的にはまだ男ではなく、アソコもツルツルの低学年の小学生。それなのに、親の目も気にせず堂々と女の水着姿を眺めている0君に、僕は自分にはない大人っぽさを感じつつ、どこか荒《すさ》んだ家庭の空気も嗅《か》ぎわけていたような気がします。彼の兄は、不良だったし、O君自身のすね方にも、どこかほの暗い闇のようなものが宿っていました。

何があったのかは知りませんが、そのあと一年も経たずにO君一家は忽然《こつぜん》と姿を消しました。

もうひとりS君という危ない同級生がいました。

S君は中高一貫してグレまくっていた筋金入りの不良でしたが、中学生の頃は、ときおり僕と一緒に釣りにいくことがありました。

彼は魚が釣れると、その魚のヒレをすべて切り落としてから池に戻し、泳げずに沈んでいく様を眺めて笑っているという鬼畜な男です。

生まれつき気の小さい僕は、そんな彼の非道ぶりにただただ驚愕《きょうがく》してしまい、とても釣りどころではなく小さな恐怖にいつも苛《さいな》まれていたものです。

そんなS君は、フナが釣れるとそれを器用に三枚におろし、ジストマなんて我関せず、そのまま刺身で食ってしまうという奇癖も持ち合わせていました。

「貧乏のレベルが違うんだろうなあ……」

フナの刺身をうまそうに食べる彼を見るたびに、僕はそう思っていました。

貧乏のレベルといっても、僕の家もS君の家も同じ炭鉱のボロ社宅でしたから大した違いはないはずですが、彼の服装の煤《すす》けぶりとフナ刺しを食うという悪食から、梶原一騎《かじわらいっき》的世界観の貧困家庭を思い描いていたのです。

そんな彼の家に初めて遊びにいってしまったとき、

「飯ば食っていかんね」

と誘われてしまいました。怖い不良の誘いですから、断ることなどできません。

「どんなものを食わされるとやろ……」と心配していると、なんと焼けた鉄板の上でジュージューと肉汁を爆《は》ぜるハンバーグが、彩《いろどり》のいい付け合せ野菜とともに登場したのです。しかもご飯は皿盛りで、ナイフにフォーク！

「あれっ？　まさか裕福？」

エプロン姿の彼のお母さんを見やりながら、僕は心の中で思わずそうつぶやきました。

S君にとってのフナの刺身は、食通で有名な北大路魯山人《きたおおじろさんじん》先生にとってのタニシのようなものだったのかもしれません。

鬼畜な不良にして、美食家。人は、見かけによりません。

うめーっ
フナ
たまんねーわ
……

ボロは着てても心はマッチョ

「うちはほかの家より貧乏だ」

という意識が、なぜだかずっとありました。

山田洋二《やまだようじ》監督の名作映画に『幸福の黄色いハンカチ』というのがありますが、ラストに出てくる黄色のハンカチが風にはためく名シーンを思い浮かべてもらえればわかる通り、炭鉱住宅は間取りも造りもみんな同じボロ屋です。

なので、目に見える貧富の差はないはずですが、なぜか僕の心の奥底に根づいていた「うちは貧乏」説はなかなか強固なものでした。

最近になって、「本当にうちは貧乏だったのか?」を確かめたくなった僕は、帰省したときに親に聞いてみました。

すると、僕が高校生のとき、親父の給料はなんと十数万円しかなく、それで一家の生活を切り盛りしていたという事実が判明しました。

当時は、食べ盛りの僕と弟、それに両親の四人暮らしでしたから、「よくやっていけたもんだ」というのが正直な感想でした。

やっぱり、それなりに貧乏だったんですね。

炭鉱夫の仕事は、危険がともなう重労働ですから、そもそもは高給取りのはずでしたが、それは全盛期のこと。僕が生まれた頃には、すでに典型的な斜陽産業となっていました。

実際、僕が高校生の頃には、親父の働いていた「万田坑《まんだこう》」という炭鉱はすでに閉山していて、親父は別の仕事をしていました。

いずれにしても齊藤家《さいとう》（僕の実家）にとっては、ずいぶんとしんどい時代だったのでしょう。

それで子どものときから「節約は美徳」という考えが染みついてしまいました。

僕が、無駄遣いはもちろん、ペットボトルの水を買うことすら躊躇《ちゅうちょ》する中年男になったのも、自然のなりゆきなんだと思います。

どんなに明るい人だって同じ境遇に育てば、僕と同じような暗い目をして、ネガティブなことばかりつぶやいていたはずです。

こんなふうにスネたことを言うと、

「高校生なんだから、バイトすればいいじゃないか！」

と思うでしょうけど、親父は、

「アルバイトは、肉体労働以外は許さん！」という考えの持ち主でした。

素直だった僕は、現実を打開しようとニッカボッカもはいてみたのですが、きつい割に時給は悪いし、ガテン系はどうにも性に合いません。

そこで、友達の紹介でレストランの皿洗いを始めました。

「これなら、親父も許すだろう……」

と、地味だけどそれなりに重労働な職種を選んで、僕なりに額《ひたい》に汗して働いていたんですが、ある日それを聞きつけた親父にドヤされて、即刻辞めさせられてしまいました。

そのときの説教からすると、どうも親父にはレストランという商売がチャラいものに映ったようです。

「レストランじゃなくて、食堂だったら良かったのかな……」

とも思いましたが、結局僕は貧乏に甘んじる生活に戻りました。

ヒロシは一日にしてならず、ということです。

レストラン!?
そんなチャラい
所で働くのは
許さんぞ!!
でき〜
え〜!
やだ〜

インテリな親父とその倅

僕の親父は、大変な読書家でした。

炭鉱夫というと、粗野な荒くれ者で、仕事がないときは競馬新聞を眺めながら、コップ酒を飲んでいると思われがちです。確かにそんな父親を持つ友人も多かったように思いますが、うちの親父は違いました。

仕事がない日は本を手放さず、妙に文化的な事柄に精通し、哲学的な知識も豊富という、ちょっと煤けた田舎町に似つかわしくないオッサンだったのです。

数年前に私小説を書いたときに、その本のカバーの撮影を兼ねて、編集者やカメラマン、デザイナーの人たちと地元を取材旅行したことがあります。

その折に実家にも立ち寄って、両親に会ってもらいました。

取材というよりは雑談に終始したお茶の間のひとときでしたが、そのときに親父が彼らに向かってこうつぶやいたんです。

「あなたたちの仕事は、文化ばつくりよる。私は尊敬しとるとですよ」

編集の人たちはキョトンとしていましたが、僕はちょっとハッとしましたね。

当たり前のように顔を真っ黒にして炭鉱夫の仕事をしていたけれども、親父にも抗《あらが》いようのない運命的な必然とかがあって、それとは別に夢に描くようなものもあったのではないのか。それはひょっとすると文化系の職種だったのかもしれない、と感じたわけです。

いつも読んでいる本の向こう側にいるつくり手が現れたのは、おそらく親父の人生で初めてのことだったでしょうから、たまらない気持ちになったのかもしれませんね。

そんな父親の背中を見て育ったので、いつしか僕も活字中毒者になってしまい、本を読み漁る読書三昧の日々を送るようになりました……ということはなかったのですが、決して本が嫌いなわけじゃありません。

集中してよく読むときと、まったく読まないときが交互にあって、どちらかというと「読む期」よりも「読まない期」の方が長いといったところでしょうか。

芸人としても「売れ期」が二年ぐらいあって、今は十年ぐらいの長い「売れない期」ですから、同じような感じです。

話しは戻って、「読む期」が訪れると、結構たくさん本を買って暇にまかせて読みふける僕ですが、小説よりも自己啓発書の類《たぐい》が好きです。

僕にとって思い出深い一冊は、『成功の扉』(マイク・ハーナッキー著)です。

読んだのは十九歳のときで、芸人になりたいと願ってはいても、どうにも実際に動き出すことのできなかった宙ぶらりんの時代。サブタイトルの『すべての望みはかなえられる』にひかれて思わず手に取りました。

読み進めるうちに何だか妙に高揚してきて、「よし! イケる」と思ったわけです。

その結果本当に芸人になれたのですから、確かにすごい本だとは思うのですが、最近ネットで見つけて久しぶりに読んでみると、ただ読みやすいだけでまったく心に響いてきませんでした。

どうやら本にも芸人にも、旬というものがあるようです。

ゴオーッ
成功の扉

まき餌《え》に食らいつく

『成功の扉』には、

『あなたが欲すれば、それは宇宙の引力によって引き寄せられる』的なことが書いてありました。

この言葉が妙に心に響いた僕は、欲することを一生懸命念じてみたんです。

「セックスしたい。セックスしたい。セックスしたい」

すると、どうでしょう。恐ろしいタイミングで「コン、コン」と部屋のドアをノックする音が……。思わず僕はビクッとし、なぜだかドキドキする胸を押さえつつ、ドアを開けました。

そこには、うら若き女性がひとり。

「本当に、オ○ンコが引き寄せられた！」

そう思った僕でしたが、すぐに抱きつくようなことはさすがにできず、一応平静を装って彼女に問いかけます。

「どちら様ですか？」

「あなたのために、三分間祈らせてください」

残念ながら、彼女は宇宙の引力が引き寄せた女神ではなく、新興宗教の勧誘員だったのです。

あまりの落胆に言葉が出ないでいると、それを了承したと思い込んだ彼女は、僕の額のあたりに手をかざしながら何やら懸命に祈り始めました。

やがて、祈りを終えた彼女は自らが心酔している宗教の教義について話しがしたいので、部屋に入れてほしいと言いました。

「やっぱり、オ○ンコかもしれない！」

そう気を取り直した僕は笑みを浮かべながら、「どうぞ、どうぞ」と彼女を部屋に迎え入れました。

向かい合って座り改めて彼女の顔を眺めてみると、美人というわけではまったくなく、正直なところ「ちょいブス」というレベル。

しかし、せっかく宇宙が引き寄せてくれたオ○ンコです。それに二十代前半あたりの女性が放つホルモンも一応感じられたので、その宗教がいかに素晴らしいものなのかを説《と》き続ける彼女をなんとかモノにしようと、口説いたり迫ったりを繰り返してみました。

でも、どうやらこんなシチュエーションに慣れているのか、彼女は特に慌《あわ》てるわけでもなくノラリクラリと身をかわし、あげくに、たしなめてくるのでした。

そんな攻防を繰り広げていると、再び「コン、コン」と部屋のドアがノックされました。とりあえず攻撃の手をゆるめて扉を開けてみると、今度はまったくうら若くないオバサンがそこに立っていました。

「こんにちは。○○教の者です。一足先に伺っていると思うのですが……」

ハナからのコンビ芸で、彼女は釣りでいうところの「まき餌」だったのです。

「最初からオバサンと一緒なら開けなかったのに……」

そう強く後悔しながら、僕はこのあと二時間もふたりの話を聞かされることになりました。帰り際に、ふたりは近所にある○○教の支部にぜひ来てほしいと誘ってきました。そこに行けば、素晴らしい講話を聞かせてくれると言うのです。

結果からいうと、僕はそこに行くことになります。足を運んだ理由は、当然「支部に行けば、セックスができるんじゃないか？」という邪《よこしま》な思いからでした。

なに？・この禍々しいエネルギーは…
セックスー
セックスしたい
ヒロシ
セックスしたいの
セックスしたい～
セックスー

一講、二講、才万講

○○教の支部は、やや大きな構えの平凡な一軒家でした。
数日前にアパートにやってきた「まき餌」の彼女に案内されて玄関に入り、靴を脱いでスリッパに履き替えます。

「ここで、喜捨《きしゃ》をお願いします」

受付のようなところにいるオバサンに、突然そう告げられたので、

「金なら有りません！」と胸を張って宣言してやりました。

ダメなら帰ればいいやと考えて、正直に金欠であることを伝えると、

「喜捨がないなら、奉仕をしてください」

と即座に切り替えされ、案内されたのはなんと台所。

「金を払わないでいいなら、まあいいか」

手渡された雑巾を絞って、僕は言われるがままに掃除を始めました。

台所の床がピカピカに磨きあげられた頃、まき餌女が現れて、その家の二階へと案内されました。

二階に向かうまでに観察したところ、若い女性の信者も結構いたのですが、基本的にはブサイクばかりで、一番マシである女性が、まき餌女であることがわかりました。

「ここでも、セックスできないのか……」

と不謹慎なことを考えているうちに、祈り部屋らしい大広間に案内されました。

部屋には、大きな仏壇に教祖らしき写真が飾られていて、その前には僕と同じような境遇の人たちが何人か座っています。

僕も一緒に座るように促され、しばらくすると怪しいオバサンが登場し、

「今の日本が、いかに悪い世の中なのか」

という、まったくセックスとは関係のない、どうでもいい話を延々と聞かされて、最後に全員でお祈りしておしまいとなりました。

カワイイ子がいれば入信してもいいと考えていたのですが、現実は厳しく、僕は心底がっ

かりして家に帰りました。

数日後、再び家にまき餌女が訪ねてきました。

「もう、行きませんよ」と断ったんですが、

「こないだのは、第一講。今日は第二講だから、聞かないともったいないですよ」

暇でほかに用事もない僕は結局彼女に押し切られ、またもや行くことになってしまいました。けれども、やっぱり「床掃除→説法→祈り」とまったく同じパターンです。

そのまた数日後に来たときには、

「今日は第三講があります」

と言われて、再び「床掃除→説法→祈り」の繰り返し。

「どうせ次の第四講もつまんない話だろ。いつになったらオ万講できるんだ！」

そう内心でグチっていると、それを見透かしたようにまき餌女は言いました。

「講話は次の第四講で完結です。次は総本山で教祖様自らお話しされます」

諦《あきら》めて捨て鉢になりかけていた僕の心に、一筋の光明がさしました。

「総本山に行けば、セックスできるんじゃないのか？」

あーヤりたい……
ゴシ
ゴシ
ゴシ

総本山バスツアー

○○教の総本山は、大学生の僕が住んでいた福岡《ふくおか》県から数百キロも離れた山合いにありました。

入信志願者を乗せる貸切りの夜行バスが用意されていて、福岡県内にある複数の支部から集められた人たちが同乗し、総本山まで案内されることになっていました。

車中泊で、ほぼ日帰りの旅程ですが、三万円ほどかかる旅費はすべて自腹です。

「金ならない！」

そう繰り返してきた僕にそんな旅費が出せるはずもなく、当然行かないと決めてたんですが、例のまき餌女が信じられないことを提案してきました。

「旅費は私が出しますから、どうか行ってきてください」

セックスできるか否かでしか関わっていない男に、三万円の旅費を与えてしまうこの女の信仰心って……と、少し怖い気もしましたが、とにかく暇な僕は、

「タダで旅行できるなら、行ってみるか」

と、軽いノリでそのバスに乗ることにしました。


乗り込んでみると、夜行バスはなんと満員。

席に座って出発を待っていると、なぜかまき餌女が乗り込んできて、

「これ、食べてください」

とビニール袋を僕に渡し、バスを降りていきました。

袋の中身を見てみると、おにぎりとか果物、スナック菓子、飲みものなどが入っていました。金がないという僕を心配して、持ってきてくれたのです。

宗教に限らず、熱心な勧誘者というのはたいてい鬱陶《うっとう》しいものです。でも、彼女は純粋にその良心から布教活動を続けていて、人間としてもきっといい人なんだろうということは、このビニール袋の差し入れで僕にはよくわかりました。

その良心には応えられないけれども、ありがたくオ○ンコ探しの旅をさせてもらおうと思い、早速車内を見回すのでした。が、やっぱりブスばかりで、ヤラせてくれるかどうか

はわからずとも、ヤリたいと思える人はいませんでした。

そのうえ僕の隣は残念ながら若い男で、話しかけてみるとなんと同じ大学に通う後輩であることが判明しました。うちの大学には、よほど暇な奴が多いのでしょうか。彼に総本山行きの理由を聞いてみると、

「女とヤレると思って……」

どうやらうちの大学には、暇なだけでなく頭の中がセックスでいっぱいという奴が多いようです。それとも、○○教はどこかそう期待させる空気感をうまく利用していたんでしょうか。

バスツアーの参加者の中には、十六歳の高校生もいました。彼曰《いわ》く、

「いろいろな宗教に興味があって、いろいろな教団に入っています。本当にいい宗教はどれかを見極めたいんです！」

なんという変わり者でしょうか。

というわけで、ヤリたいだけの男たちと宗教マニアの高校生、それにブスの女たちを乗せたバスは夜通し突っ走り、朝には大きな湖に到着しました。

その湖から少し入ると、山中にド派手な総本山が見えてきたのです。

セックス!!
セックス!!
セックス!!
セックス!!
セックス!!
ゴ

ありがたや、奇跡の証

総本山は日本武道館ばりの圧倒的存在感で、ド派手な外観を誇示していました。

「宗教って、儲かるんだなあ」

そう感嘆するほかないシロモノです。

広大な駐車場には、同じようなバスがズラリと並んでいて、全国から入信希望者が集められているのがわかります。

バスを降りて本堂に入り、スリッパに履き替えていると、係員らしい人がやってきて、

「あなた、このプラカードを持ってください」

と手渡された白い板には「福岡県」と書いてありました。

プラカードを持たされた僕の後ろにはチーム福岡の人たちが列をつくっていて、係員の

掛け声で行進を始めました。いつの間にか福岡県の代表になっていました。

「では、みなさんこちらの方にお願いします」


行進した先は、いろんな展示物が並ぶ博物館のようなところでした。

係員の解説によると、これらは「奇跡の証」の品々だとか。ホコリのような金粉は教祖の体から出たもののとのこと。

さらに驚くべきは、金の七福神です。なんと金粉と同様に、これも体から出たものだそうです。この宗教を極めれば、働くことなく大金持ちになれるのではないか。

さて、ハイライトは「奇跡の泉」です。

公園にあるような安っぽい滝があり、流れている水は聖なる水だと力説されたんですが、まだまだ修行が足りない凡人の僕には、どうしても循環している水道水にしか見えませんでした。

次々と奇跡の証を目の当たりにしたあとは、いよいよ最終の第四講を拝聴することになります。どでかい体育館のようなホールに案内され、各県ごとに整列。

このときに気がついてしまったのですが、見回してみると他県の列にいる女の子は、チラホラとではありますが、カワイイ子の姿が。しかし、後ろを振り返ると、カワイイとはほど遠い子ばかり。

「福岡県はハズレだ！」

己の理不尽な境遇を呪っていると、教祖の娘なる人物が登壇しました。教祖は、体調が悪いそうで代役とのこと。奇跡では治らないほどの重病だったのでしょう。

そこで始まったのは、信者による奇跡の大報告会です。次々と手が挙がり、

「歩けなかった足が、教祖様のおかげで動くようになりました！」

「おおおっ」パチパチパチ（驚きの歓声と拍手）

「余命宣告されていたガンが、教祖様のおかげで消えました！」

「おおおっ」パチパチパチ（以下同じ）

みんな泣きながら報告し、聞く者は盛大な拍手で応えるという世にも珍妙なショーが、ひたすら繰り返される数時間。

こうして、まき餌女のような純粋なる信仰心が育まれ、総本山はますますデカく、ド派手になっていくのです……。

私はー
足が治りましたー!!!
ワーワーワー
……

入信セットは至れり尽くせり

総本山ツアーでは、突っ込みどころ満載の「奇跡の証」の数々を見せつけられ、それらを斜めな目線で眺め続けた僕ですが、結局のところ○○教の信者となりました。

というよりは、総本山ツアーの代金三万円を支払った時点で、入信が認められるシステムだったのです。実際にお金を払ったのはまき餌女ですが、参加したのは僕ですからそういうことになるのでした。

信者には、入信セットなるものが配布されます。

まず、お札。これはガーゼ状のものに包まれていて、首にぶら下げられるように紐《ひも》がついています。中身を見ることはタブーとされていて、お札自体他人に見せてはいけないし、テーブルの上はもちろん地面に置くことも許されません。

「寝るときはどうするんだ？　風呂は？」

と疑問に思う人もいるでしょう。入信セットは誠に至れり尽くせり。壁掛け用の真鍮《しんちゅう》製のフックも、ちゃんと入っているので安心です。

しかも、風にあおられて地面に落ちては大変ということで、「フックに紐を何重かに巻いて掛けましょう」という注意書きも添えられているという気配りの細やかさです。

最後は、祝詞《のりと》の書かれた手帳。これをテキストにして、決められた方角を向いて祝詞をあげ、祈りを捧げることになっています。
○○教を信じる気持ちはまったくありませんでしたが、まき餌女の厚意によるお金で買ってもらったアイテムということもあり、簡単に捨てるわけにもいきません。
だからといって教義通りに首から下げると、妙に安っぽい紐が襟《えり》の間から見えてしまう。友達から、「なんだ、それ？」なんて疑われそうだし、部屋に吊るしておくのもうっかり見つかりそうで危ない気がしていたので、悩んだあげく、僕は押し入れに放り込んでおくことにしました。

まき餌女は、相変わらず時折やってきては、

「齊藤さん、一緒に布教活動に行きましょう！」

と、妙に澄んだ目をして誘ってくるのです。でも、そんなところを知人に見られ、不気味

がられては一生モテなくなるので、かたくなに拒否し続けました。
やがて、彼女は諦めたようで、いつの間にか来なくなりました。こうして、僕の信仰の日々は、ついにオ◯ンコにたどり着くことなく終わってしまいました。

宗教と入れ替わるようにハマったのはダイヤルQ2です。理由はもちろん、ヤリたい一心からでした。しかし、困ったことに毎月七万円もの通話料金がかかってしまい、僕は本格的に金に困ってしまったのです。

そこで、肉体労働でもやって金をつくらねばと事務機器を運ぶアルバイトを始めました。運送業者の事務所内で作業するのですが、なんとそこにまき餌女がいるではありませんか。

「こんなところで、何やってるんすか?」

「私、ここで働いているんです」

地味な職場の事務員で、どれほどの月給をもらえるのかはわかりませんが、高給であるはずがありません。その収入から僕のような男に三万円を払うなんて……。よほど信心深くなければできないことです。

最近になって、彼女の信じる◯◯教をネットで検索してみると、インチキ宗教のように書かれていました。純情な彼女は今、はたして幸せなのでしょうか。

入信スペシャルセット
お守り
ミネラルウォーター
水
乾パン
漫画 入信のススメ
信心くん
洋画DVD
洋画
レトルトカレー
教団カレー
かっこいいグラサン
春物と冬物のジャケット

たかられ気質のT君

○○教との縁が完全に切れて数カ月ほど経って、僕は居酒屋でアルバイトを始めました。当初はまったく気がつかなかったんですが、その居酒屋の店長はゲイのオッサンでした。ある日誘われて彼の家に遊びにいったら、危うく襲われそうに……そんな穏やかな日々を送っていた頃のことです。

しばらくして新人のバイトが入ってきたんですが、そいつが、

「齊藤さんじゃないすか！」

と突然声をあげました。よく見ると確かに見覚えのある男で、

「会ったことあるね。えーと……」

「ほら、○○教のツアーで一緒だったじゃないすか」

そうです。この男、総本山ツアーのバスで僕の隣に座っていた、同じ大学の後輩だったのです。名前はTといいました。世間は狭いものです。

付き合ってみるとT君はまじめで明るく、とてもいい奴でした。

一緒に働くようになって一年ほど経った頃のことですが、彼からうちに電話がかかってきました。

「齊藤さん、ぜひ会ってもらいたい人がいるんですよ」

ヤラせてくれるカワイイ女の子でも紹介してくれるのかな？　と、邪悪な思いを抱きながら待ち合わせた喫茶店に行ってみると、T君の隣には汚いシャツにヨレヨレのリクルートスーツ姿のオッサンが偉そうにふんぞり返って座っていました。

「声かけないで帰ろうかな……」

とも思ったんですが、気のいいT君のことが心配になって一応会うことにしました。

そのオッサンは、S社という社名の名刺を出すと、その会社で扱っている健康食品がいかに優れているかを二〜三分間適当に説明し、その後ピラミッド型の図解を持ち出して、長々と組織と金儲けの話を始めました。

そう、どこに出しても恥ずかしくないほど完璧で申し分のない、正真正銘のマルチ商法です。

そのオッサンは、ピラミッドの底辺を指さして、

「今、Tはここにいるが、俺みたいにここに来れば働かなくても儲かるようになる。おまえだって、金が欲しいだろ？」

「欲しくないです」

「夢はないのか？」

「ありません」

「なんだ、おまえは！　話にならん！」

突然怒り狂ったオッサンはテーブルを叩いて立ち上がり、店から出ていってしまいました。なぜかオッサンを尊敬しているというT君は慌てて追いかけ、伝票を残された僕も、こんなお茶代を払わされるのは御免だと、ふたりを追いかけました。

オッサンは、ボロい中古の国産車に乗っていました。時はバブルの真っただ中ですから、稼いでいるオッサンが、こんな服装や車であるはずがありません。僕はT君に、

「あんなオッサン、本当に信用しとると？　おまえ、バカじゃなかと？」

「実は、大量のビタミン剤と何十万もする浄水器を買っちゃって、困ってるんです……」

T君は、骨の髄《ずい》までしゃぶられる運命の星の下に生まれた男なのでしょう。

俺みたいになりたくないか？
この人は凄い人なんだよ
いや…別に…

第二章
モテと青春

エアギターとエロ妄想の日々

初めてバンドを組んだのは、僕が高校生のときでした。

きっかけは、小学生の頃。母親と隣町に買いものに出かけたとき、思いがけず遭遇した公園でのライブを見て「カッコよか！」と感動したからです。

確か、福岡県出身でメジャーデビューしていたパンクロックバンド、THE・MODSのコピーバンドだったと思います。

「あそこに立てれば、俺もモテまくるに違いない！」

——カッコよくギターをかき鳴らす俺を、女たちが熱いまなざしで見つめる。セクシーなファッションの女たちは汗だくになってノリまくり……ユッサユッサと揺れる胸元があっちにもこっちにも！！　彼女たちはギタリストの俺に夢中！

「すぐにでもギターを買って、練習しなくては！」

そう思ってはみたものの、親父が許すはずもありません。仕方なく、バドミントンのラケットにマジックで六本の弦を描き、親の目を避けてエアギターの日々となりました。

ラケット・ギターをかき鳴らす……女、女、女……かき鳴らす……揺れるオッパイ……かき鳴らす……汗だくの肌……エアギターの向こう側には、いつもエロい想像ばかりでした。

中学に入ると、学校の音楽室にクラシックギターがあることに気づき、放課後に友達と弾きにいくようになりました。練習した曲は、『禁じられた遊び』です。

しかし、あんなに暗い曲が、なぜギターの入門曲としてよく使われるのでしょうか。

「俺がやりたいのは、こんなんじゃなか！」

物悲しい旋律《せんりつ》を奏でながら、心の中でそう叫んでいました。一日も早く楽器を手に入れて、モテステージに立たなければならないと思い詰めるようになりました。

高校生になった頃、空前のバンドブームが到来します。「モテる奴はみんなバンドをやっている」といっても過言ではない時代です。

そんなある日、僕にとてつもない幸運が訪れます。何気なく通り過ぎたゴミ捨て場に、ベースギターが捨てられていたのです。

神様のプレゼントか？　いや、これは罠《わな》かも……モテ楽器を捨てる奴なんているはずがない！　持って帰ったら警察に捕まるだろうか？　など、ひとしきり考えをめぐらせた結果、モテへの衝動を抑えきれない僕は、「モテ神様からモテアイテムを授かった」という都合の良い言い訳をひねり出して、家に持ち帰ったのです。

バンドの中では暗いイメージで人気のないベースとはいえ、こうして楽器自体は手に入ったのですが、もちろんまだ弾くことはできません。

親父に見つかることを恐れて、とりあえず押し入れに隠すことにしました。完全にエロ本扱いです。弾けないベースへの憧れが募《つの》るうち、ベースの曲線の部分が女の人のくびれに見えてきて、時折布団に忍ばせては抱いて寝るという奇行も覚えてしまいました。

そんなある日、すでに活動しているバンドから「一緒にやらんか？」と誘われたのです。

「ありがたい！　もちろんやります！」

と言いたかったんですが、正直なところ僕は迷いました。

なぜならば、そのバンドはモテない童貞男たちの集団だったからです。

お前も
俺と同じ
はぐれ者か……

モテるためなら鬼になる

モテたいからバンドをやるのに、「モテない集団の一員」になれば、僕はモテない男確定なわけです。

誘ってきたバンドは、そもそもボーカルがブサイクです。さらにギターもブサイク。本来、花形であるはずの「バンドの顔」がダブル・ブサイクなんですから、罪のない僕にも「モテない」の烙印《らくいん》が押されてしまいます。

しかも、ベースはドラムとともに、バンド内では人気のないポジションです。モテないバンドで、地味なポジション。これは、絶望的です。

「一緒にやろうや！」

「いや、やめときます」

「なんで？　バンドやりたいんやろ？」

「………」

結局、押し切られる形で、とりあえずやってみることにしました。

ブサイクなボーカルは、一学年上の不良の先輩でした。ある日のこと、

「文化祭のライブに出よう！」

と鼻息荒く、その先輩が言ってきました。

文化祭は、バンドをやっている人が唯一スターになれる晴れ舞台ですから、誰しも出たいのは当たり前なんですが、僕はここでも煮え切りません。その理由は、

「このバンドでは、絶対モテない！」

と確信していたからです。いや、正確にいえば、モテないというよりも、このブサイクどもと同等に見られることが恥ずかしいという思いでした。

ただ、文化祭に出られるのは毎年三組だけで、オーディションによって選考されます。

結果的には、一年目は落選しました。

「よかった！」

とホッとしていたときです。なんとほかのバンドメンバーから、

「うちのバンドに来ない？」

と誘われたのです。

そのバンドは、全員が童貞ではあるものの、ボーカルはプチ・イケメンで、まあまあのルックス。ブサイクバンドよりは、モテる可能性はグッと上がります。とはいえ、客観的に見れば普通レベルですから、モテ度0からモテ度48になった程度ですが……。

意を決した僕は、ブサイクボーカルの先輩に言いました。

「すいません！　辞めさせてください」

「なんで、辞めるとや？」

このバンドにいてもモテないから……なんて、言えないじゃないですか！

「オレはこれが最後の文化祭なんだ。どうしても出たいったい！　頼むけん！」

いつもは気の弱い僕ですが、「モテたい！」という決心はダイヤモンドよりも固く、不良の先輩を前にしても、ひるむことなく突っぱねる勇気がありました。

「いや、辞めます！」

「じゃあ、そっちとこっち、掛け持ちでやってくれんかね？」

せっかくモテるかもしれないのに、モテないバンドにもいることでその可能性を消されてたまるか！　とは言えませんでしたが、鬼となって断固拒否しました。

バンドやろーぜ
俺らとやらない?

一発逆転の卒業ライブ

新しいプチ・モテバンドに移籍した僕は、オーディションを勝ち抜いて、文化祭ライブに出ることができました。

前のモテないバンドのブサイクボーカルの先輩は、歌はうまかったんですが、結局出られることなく、卒業していきました。

「先輩も、出たかったやろうね……」

とは思いましたが、僕のモテ人生の足枷になられては困ります。

文化祭のステージを終えた俺に駆け寄る、たくさんのカワイイ女の子たち……ああ、ついに俺もモテ街道のド真ん中！

――が、現実はまったくモテない！！

「なぜだ〜、プチ・モテバンドじゃダメのか〜〜」

小学生の頃から抱き続けた夢に破れ、僕の絶望の嘆きは荒尾の空に響き渡ったのでした。

文化祭でのモテ化に失敗した僕たちに、無情にも卒業という終わりの時が近づきつつありました。なんとしても、リベンジしなければならないと思い詰めた僕らは、

「卒業記念に、一発大きなライブをやろう！」

と高らかに宣言し、恐れ多くも荒尾市で最も大きな『荒尾総合文化センター』の小ホールをライブ会場として借りてしまったのです。

早速、モテチケットをつくろうと、童貞男たちの乏しいモテイメージを駆使して、モテ薔薇《ばら》やモテ十字架をデザインしたチケットを大量に印刷したものの、まったく売れません。

モテバンドであれば、放っておいても女の子の方から積極的に買ってくれるものですし、

「彼氏がライブやるから、チケット買ってあげて！」

とか言って、彼女自ら周囲にさばいてくれたりもします。

さらにカワイイ女の子目当ての男どもも集まりますから、結果的に額に汗することもなく、あっさり満員になってしまうのです。

世の中の風は厳しく、プチ・モテバンドの僕らは、チケットをさばくのに大変苦労する

ことになりました。

とても満員にはできませんでしたが、それでもメンバーが必死になって売り歩いた結果、どうにか恰好がつく程度の観客数を確保することができました。

照明や音響の設備も完備された本格的なステージ会場。高まる興奮とともに僕らは気合十分に準備を進めます。

当日は、衣装もばっちりビジュアル系に決めまくり、メイクもしっかり施《ほどこ》し、髪はガチガチに立てて、楽曲はXのコピーを演奏することにしました。

ステージに上がって、それぞれポジションに着き、一曲目の演奏をスタートさせた直後、緞帳《どんちょう》がスルスルと上がりました。

目の前には、黄色い歓声をあげる女の子たち。そこには童貞とサヨナラさせてくれる子もいて……という儚《はかな》い願いは願いのまま、現実の客席は、メンバーのおかあさん、おばあちゃん、親戚のおばさんで埋められていました。

「まるで、授業参観じゃないか！」

僕の高校時代は童貞のまま幕を閉じました。

ヘイみんな
ノッてるかい？
よしおー
がんばれよー

使う人・使われる人

文化祭はバンドがスターになりますが、体育祭は不良たちがスターになる、ヤンキーモテの舞台です。

僕の高校では、体育祭を前にすると、全学年の生徒をふたつのグループに分けます。

そのふたつとは、「応援団」と「その他大勢」です。

校庭には大きなやぐらの客席が組まれて、そこにはその他大勢が並んで座り、応援団の音頭に合わせてマスゲームを行うのです。

マスゲームとは、その他大勢のひとりひとりが、いろいろなカラーや模様の描かれたパネルを持ち、全体で何かの絵柄や文字を表現するパフォーマンスで、甲子園のスタンドや北朝鮮の行事でおなじみのものです。

当然、長い時間をかけて準備、練習を重ねなければできません。

そこで、体育祭を控えた一カ月間ほどは放課後の時間を拘束されて、クソ暑い中何日も練習するのですが、その音頭をとる応援団は、なぜかヤンキーの男たちが選ばれる習わしになっていました。

つまり、ヤンキーの指示に従って、その他大勢の生徒たちがマスゲームを行うのです。もし失敗すれば、相手はヤンキーですから、口汚く罵《ののし》られ、ときには激しく怒られ、殴られることすらあるわけです。こんな理不尽なことは、そうそうありません。

「テメエ、気合入れてやらんか！　ゴルァ！」

「アンダよっ！　やる気あんのかテメエー！」

この理不尽な拘束と労働に腹が立ち、体育祭が大嫌いだったのですが、僕自身は幸運にも、マスゲームを三年間ずっとやらなくてすみました。

それは、僕が美術部部員だったから。美術部は、マスゲームのパネルはもちろん、やぐらに飾りつける巨大な応援パネルなどをつくり、そこに絵を描く役割があるため、マスゲームをやらなくていい大義名分を与えられていたのでした。

バンドに夢中になって、ほとんど美術部に行っていなかった僕ですが、最後まで退部しなかった理由は、この利点だけにありました。

体育祭当日、応援団のヤンキーたちは、改造しまくりの学ランを着込んで、通常は許されないソリ込みやパーマなどのヘアスタイルでキメまくり、長い鉢巻を締めています。

それをカワイイ女の子たちがキャッキャと騒ぎたて、

「一緒に写真を撮ってくださいっ！」

とか言われて、モテまくるわけです。しかも、中には根っからのヤンキーではなく、たまたま応援団にすべりこんだ奴もいて、そいつらまでがいばりくさったあげく、モテまくっている。不条理にもほどがあります！

つまり、その他大勢に仕分けされてマスゲームをやらされるということは、ヤンキーをモテさせるために強制拘束・強制労働をさせられるようなものです。

「一万円の日当を払え！」

と言ってやりたい！　本当は、みんな早く帰って『夕焼けニャンニャン』を見たいに決まっているのです。

しかし、このように多くの人を犠牲にして、少数の偉そうな奴が得をする「使う人・使われる人」の構図は、社会に出ても、変わることなく存在するのであります。

キャー
ステキー
・・・・・

恋の季節

大学一年生の夏休み、ついに僕にも〝そのとき〟がやってきました。

きっかけは、入学直後あるサークルに入ったことです。

入学式の直後から始まった、サークルの勧誘期間。

その一週間ほどの間、キャンパス内には各サークルの勧誘部員が、かつての新宿歌舞《しんじゅくかぶ》伎町《きちょう》の呼び込みのようにズラリと並び、新入生は右に左に引っ張りだこです。

校門付近には、軟派なテニスサークルや演劇、落研など、さまざまなサークルの立て看板が目白押し。キャンパスに足を一歩踏み込むと、たちまち袖《そで》をつかまれ、カワイイ女の子たちに囲まれて、

「君、サークル決まってるの？　見学だけでもおいでよ～」

なんて、声をかけられることを期待していたのですが、僕を誘おうとするサークルはひとつもありません。

誘われるどころか、声もかけてこないのです。あっさり素通りできてしまい、校舎に到着してしまうというのは、どうにも寂しいものでした。

結局、どこからも声をかけられず、勧誘期間が終わろうとしていた頃、あるサークルから初めて声をかけられました。

そのサークルとは、大学祭実行委員会。その名の通り、学祭を運営することが目的のサークルですから、はっきりいって面白味は全然ありません。まったく興味はありませんでしたが、ヒロシは寂しさに弱い生きものです。

十九歳の僕は、声をかけてもらったことがただただうれしくて、ふたつ返事で入部してしまいました。

予想通り、そこは面白くもなんともないサークルでしたが、夏休みに研修旅行と称して、海へ遊びにいくことになりました。場所は、玄界灘《げんかいなだ》に浮かぶ島、壱岐《いき》です。

昼は海で泳ぎ、夜は酒を飲んでバカ騒ぎするだけの数日でしたが、最終日の昼間、浜辺に行ってみると、ものすごくカワイイ女の子がいるではありませんか！

僕が目をつけた彼女は、女の子ばかり三〜四人のグループだったので、早速声をかけて、一緒に遊ぶことになりました。

僕には「一回遊んだだけで、相手の女の子のことを好きになってしまう」という特技があるのですが、このときも激しく彼女に恋してしまい、

「明日の朝帰るんだけど、また会いたい！」

と言ったら、ラッキーなことに即ＯＫでした。彼女たちも同じ日の夜のフェリーで帰るそうで、明朝ある場所で待ち合わせをすることにしたのです。

その夜は、どうにもときめいてしまい、ロクに眠れませんでした。

あくる朝、ご飯を食べてから荷造りをして、ひとり待ち合わせ場所に向かいました。しかし、帰りのフェリーの出船時間ギリギリまで待ったのですが、彼女は来ませんでした。なんと、痛恨のドタキャンです。

フェリーに乗って、玄界灘の海風に吹かれても、彼女のことをどうにも諦めきれません。結局、僕は下船した港にひとり残り、夜まで彼女の帰りを待つことにしました。この粘りが、後に〝そのとき〟へとつながることになります。

ひと夏の経験

壱岐から戻ったフェリーを降りてきた彼女は、僕を見つけるとびっくりしていましたが、ドタキャンしたことを悪びれるわけでもなく、

「待っててくれたの？」

と、すぐにニッコリ微笑みかけてくれました。僕は正直なところ、

「気持ち悪い！　とか言われるんじゃないか」

と心配していましたが、恋愛経験が豊富そうな彼女には、どこか余裕があるようでした。

僕は勇気を出して、

「また会いたかけど、電話番号交換してくれんかね？」

そうお願いすると、すんなりＯＫしてくれたのです。

数日後、彼女が僕のアパートに遊びにくることになり、ついに〝そのとき〟がやってきました。僕は童貞でしたが、彼女は予想した通り経験豊富で「いろいろと教えてもらう」形で時は過ぎていきました。

そのときに話を聞いて初めて知ったのですが、彼女には彼氏がいました。

しかもその彼とは、なんと暴走族に所属している男だったのです。それも、名前を聞けば誰でも知っているような、地元では有名な暴走族でした。

「どうりで、経験豊富なはずだよ……」とも思いましたし、

「バレたら、殺される！」とも思いました。

暴走族の彼は、すでに社会人として働いているので、一緒に夏休みを楽しむことができません。そこで彼女は「ひと夏の思い出づくり」的に羽を伸ばしていたのでしょう。

その後も何度か会っていましたが、彼女との関係は夏休みが終わるのと同時に、解消されてしまいました。

しかし、僕は彼女のことを忘れることができませんでした。

完全にマジ惚れしてしまったのです。

当時は携帯電話がないので、家に電話するしかありません。

でも、電話をかけて家の人に、

「今、おらん」

と二度ほど言われると、さすがにそれ以上、電話をかける勇気はありませんでした。

それでも諦めきれない僕は、彼女の家の住所を調べて、何度も車で行っては、家の前で待ってみました。が、結局会うことはできませんでした。

その後二年間ほど、僕は彼女のことだけを思って日々を過ごしました。


大学三年になって、ようやく立ち直った僕は、ナンパばかりをするような男になっていました。あるとき、友達と熊本県まで遠征してナンパをしたのですが、そこで年上のある女性をゲットすることができました。

その女性とはしばらく遊んだりしていたのですが、あるとき、ふと彼女の手帳を見ると、なんとあの子の名前が書いてあったのです。

「地元の友達で、同じエレクトーン教室に行きよったとよ。知り合いね？」

一時は悶絶するほど、あの子に会いたかったのに、そのときは平常心でいられました。

僕の中でも、すべては終わっていたんですね。そして、今はこう思うだけです。

「とにかく、暴走族の彼にバレなくてよかったな」と。

コロスぞ

パンのみに生きるにあらず

当時、ハマっていたのはナンパだけではありません。

テレクラやダイヤルQ２の利用も、もはや中毒状態でした。

二十歳前後のヤリたい盛りですから、とにかく、日々ひとつでも多くの、少しでも新鮮な女性を求め続けていたわけです。

「大学生なんだから、合コンすればいいじゃん」

なんていう人もいると思いますが、大学の友達は僕をまったくコンパに誘ってくれません。なぜ誘ってくれないのか、その理由は考えないようにしていました。

「女の子ば紹介してよ！」

と言ってみても、誰も紹介してくれないのですから、ナンパ、テレクラ、ダイヤルQ２に

ハマってしまうのは、仕方ないことです。あるとき、母親から電話があり、

「なんで、毎月電話代が六万も七万もかかると？」

と言われ、焦ったことがあります。電話代は自分で支払っているつもりだったんですが、実家に請求がいくようになっていたんです。

その後は、請求書が僕のアパートに郵送されるように手続きして、一生懸命バイトをし、ダイヤルＱ２料金をなんとか払っていったのですが、電話代に六～七万円かかる生活を改めることはできず、一年ぐらい続けてしまいました。完全に中毒です。


ざっと計算すると、総額七十～八十万円程度をダイヤルＱ２に費やしましたが、ゲットできた女性はたったひとり。

しかも彼氏持ちで、美人とは程遠い人でした……。

この女性はダイヤルＱ２を運営する側が雇った、いわゆるサクラ。彼女曰く、

「このダイヤルＱ２に出る女は、みんな同じサクラよ」

とのこと。世間知らずの当時の僕は、そのシステムをこのとき初めて知ったのです。おそらく、彼女はいわゆる「好きもの」で、僕のほかにも、Ｆ大に通っているという「加瀬《かせ》大周《たいしゅう》似」という男とも、同時に遊んでいました。

「俺だって、もうちょっといい女と付き合えるんじゃないか?」と、彼女の顔を見るたびに思うのですが、現実には誰も相手にしてくれないので、彼女との関係を切るわけにもいきません。

だって、僕にとってはたったひとつのオ◯ンコなんですから……。

「俺だって、たまにはゴージャスなステーキが食べたい!」

といつも思っていましたが、目の前にはご飯しかないのです。

「ステーキじゃなくてもいい。さつまいもでもいい」

たまには違うものが食べたいと思っても、出てくるのはご飯ばかり。その単なるご飯でさえ、加瀬大周の方にいってしまい、空腹のときにお預けをくらってしまうこともありました。

「このままだと一生ご飯だけになってしまう!」

あるとき悟った僕は、とにかくイイものを食べられるようになろう! ご飯だけじゃなく、おかずも手に入れられるようにがんばろう! と決心したのであります。

これが原動力となり必死にあがいた結果、ピン芸人ヒロシは生まれ、一時はブレイクもできたのだと思います。ヒロシは、パンのみに生きるにあらず。

今はこいつで我慢しとくか……
男の子って不思議～

この世のすべては、オ◯ンコが決めている

ダイヤルQ2で唯一ゲットしたサクラの女性は、計画性というものが何もなく、突然意味不明の行動をとる奇妙な人でした。

ある日、僕のアパートに来たときに、

「彼氏にバレちゃった！」と言われました。

「もうすぐ仕事が終わって、ここに来るげな」

なんてシレッとのたまわります。「ここに来るげな」って、ふざけてもらっては困ります。

僕は慌てて彼女の手を引っ張り、脱兎《だっと》のごとくアパートを飛び出して、近所にあった彼女の友達の家にふたりして逃げ込みました。

あとで、同じアパートに住む僕の友達に聞いたところ、彼氏は実際にやってきて、アパー

トの部屋をひとつひとつ確かめ、しらみつぶしに僕を探していたそうです。

「あなたが齊藤さんですか？」と、

「なぜバレてしまったのか？」

その理由を聞いてみると、とんでもない彼女の言動が発覚しました。

どうやら彼氏はギターが得意らしく、当時壁にぶち当たっていて、なかなか上達できない僕の様子を目にした彼女は、

「知り合いにバンドマンの大学生がいるんだけど、彼にギターば教えてあげてくれんかね？」

と言ったらしく、当然、

「誰や、その大学生は？　なんでおまえにそんな知り合いがおるとや？」

と突っ込まれ、うまい言い訳を考える頭もない彼女は、追及されたあげくにバレたということ。

馬鹿なのか!?　浮気相手を本命彼氏に紹介してギターを教えさせようという発想が、どうにも僕には理解できません。

理解不能な行動をするブサイク女なんて、付き合わなければいいわけですが、当時の僕にとっては貴重なご飯、唯一の女神でしたから、仕方のないことでした。

そのうち、彼女は同棲していた家を突然飛び出て、あるクリーニング屋で働きつつ、その二階の部屋でひとり暮らしを始めたのです。

「自活できるほど収入あると？」とか、多くの「？」を聞いてみたのですが、「わからんけど、やってみる」という返事。

あい変わらず、後先を考えずに即行動。考えてから行動するどころか、行動した後も考えない人ですから、ある意味すごいというしかない。

今振り返ってみると、彼女は本命と加瀬大周、僕、三人の男を振り回して生きていたわけですから、ブサイクなのに大したモテ女ということになります。

僕には、とてもマネのできない芸当です。

しかし、彼女との経験を通して、僕はある真理を学びました。

「この世の経済活動は、オ◯ンコ中心に回っている」

たとえば、車を買うときは「一番モテそうな車」、服を選ぶときは「一番モテそうな服」、お金持ちになりたいという努力は、よりオ◯ンコに近づくための行為なのです。

つまり、各業界の人たちも「一番モテそうなもの」をつくろうとしているわけです。

「ものづくりニッポン」の先には、いつもオ◯ンコがあるのです。

うっふ〜〜ん♡
やらせて〜
やらせて
やらせて〜
やらせて〜〜

第三章

芸人、ヒロシ

サラリーマンになる

オ○ンコのことばかりを考えているうちに、僕の四年間の大学生活はあっという間に終わりました。「芸人になりたい」という気持ちは抱いていたものの、具体的な活動もせず、かといって就職も決まっていませんでした。

「とりあえず、実家に帰るか」

ダイヤルQ2のサクラ女のことを「計画性というものが何もない」とか、「後先を考えない」なんて言いましたが、当時の僕もかなりいい加減なもんでした。

地元に戻っても、何をするわけでもなく遊んで暮らしていました。やがて、ナンパして捕まえた、わりとカワイイ子と付き合うようになりましたが、

「ナンパで捕まるような女だから、どうせ浮気もするだろう……」

と、どこか乾いたところのある交際です。所詮長続きするとは思っていませんでした。

「よし。この子と別れたタイミングで、東京に行って芸人を目指そう！」

と僕は決意しました。

若く何の実績もない九州男児にとって、「東京に出る」というのは大変な冒険です。正直怖いものですから、この交際を「執行猶予期間」と考えることで、安心しようとしていたんだと思います。

毎日ブラブラ、ゴロゴロと暮らしているうちに、当然親からは「働け！」と言われるようになりました。

そこで、母親の知り合いのツテを頼り、ある保険会社に就職したんです。

結果的に、これが僕の唯一のサラリーマン体験となりました。

サラリーマンの一日は、朝出社すると上司から電話番号リストの束を渡されることから始まります。

このリストは、同業他社の顧客リストなんですが（何でそんなものを持ってるんだろう？）、リストの中で自動車保険の切り替え時期が迫っている人を選んで電話をかけまくり乗り換えを勧める、いわゆる電話営業です。

ひとしきり電話営業が終わると、今度は会社を出て、飛び込み営業。

僕はすぐにこの仕事が嫌になり、やがてウソの外出先を告げて、街をブラブラして遊ぶようになりました。

「俺には、こういう仕事は向いとらん」

と身に染みてわかった僕は一カ月ほど会社通いを続け、給料が振り込まれた時点で出社すらしないようになったのです。

ある朝目覚めると、枕元に保険会社の支店長が立っていました。

「うわっ！」と飛び起きた僕に、その人は言いました。

「齊藤君、一カ月だけでは会社が損するだけだ。もう少し、がんばってくれないと困るよ」

そう諭《さと》された僕は、結局ダラダラと半年間この仕事を続けて、身内をみんな保険加入させたあたりで、退職することにしたのです。

「俺には、サラリーマンは無理だ！」

そう深く自覚しました。そして、これから先何があろうが、もうお笑い芸人への道を突き進むしかないという思いがフツフツと湧いてきたのでした。

さて、お笑い芸人になると決めた僕の目にとまったのは、福岡周辺で放送されていた『激辛!? お笑いめんたい子』という、テレビのオーディション番組でした。

あのー 保険の切替予定はございませんでしょうか？
俺はこんなことをしてる場合ではないのだ……!!

芸人の道へ

『激辛!? お笑いめんたい子』は、九州で一年に一度やっていたお笑い芸人の新人を発掘するオーディション番組。

この番組に出ようと決めた僕は、早速ネタをつくろうと思ったのですが、初めてのことでネタづくりの要領などまったくわかりません。さんざん考えたあげく、結局あるモノマネをやることにしました。

結果は……もちろん落選でした。

控室となっていた大広間には、芸人を目指す人たちがたくさん来ていたのですが、オーディション終了後、A事務所の社員がやってきて、こう言ったんです。

「落選者の中にも、面白い人はいました。どうしても芸人をやりたいと考えている人は、電話をください」

そして、控室のホワイトボードに連絡先の電話番号を書いたのです。

何がなんでも芸人になってやると決意していた僕は、早速、A事務所に電話をしてみました。すると、

「●月●日に、福岡で主催のイベントがあるから、そこに来てよ」

とのこと。僕は「これで芸人になるきっかけができた！」と喜び勇んで出かけました。でも、それは雑用をやらされるだけの作業スタッフの仕事でした。それからも、

「次は●月●日にあるから」

という繰り返しで、何度行っても単純作業ばかりです。

「何だ、これ。ただの労働力搾取《さくしゅ》じゃねえか！」

そう思ったのですが、僕にとっては芸人につながる唯一のツテでしたので、来いと言われれば行くしかありません。最初は僕と同じような人たちがたくさんいたのですが、どんどん減っていきます。

「いつ、お笑いをやらせてくれるんだろう……」

そう思っていた矢先でした。やっと僕らに、

「じゃあ、ネタ見せやるぞ！」

という声がかかりました。このとき残っていたのは、たったの十数組だけでした。今になって思うと、本当に芸人になる気があるのか、ふるいにかけられていたのかもしれません。

「おまえたちは、A事務所の六期生だ。六期生だけでライブをやれ！」

こうして、僕はなんとなくヌルッとA事務所に入りました。決して「はい、合格です！」という入り方ではありませんでした。

ライブを目指して、ネタ見せを繰り返すのですが、その第一回目のことです。僕はピン芸人だったのですが、緊張して審査をする部屋に入ると、そこにはA事務所の所長さんがソファーにふんぞり返って、たこ焼きを食べていました。

そのまま、所長さんの前でネタ見せです。

僕は、ものすごく下品な下ネタをやったのですが、

「帰れっ！」

と、たちまち怒鳴られてスリッパが飛んできました。人前でネタをやるのは初めての経験でした。何はともあれ芸人への道、その一歩を踏み出したのです。

よーしじゃあそのダンボールそこに置いてー
芸人関係あるのかよ…

東京に進出

ネタ見せでスリッパを投げつけられてから、A事務所で三年間がんばってみたものの、一向に売れる気配はありませんでした。

地元のテレビ局に、A事務所の芸人を起用している情報番組があるのですが、この番組に出ると「おまえは、つまらない！」と福岡在住のみなさんにしょっちゅう言われるようになるので、同期のみんなは、

「僕らは、つまらない芸人だ」

と卑屈に思い込むようになっていました。僕はもっと最悪で、この番組に出してもらうことすら、できなかったのです。

芸人として面白くないからという理由であれは、現状に甘んじることもできるのですが、

どうも僕は上の方に嫌われていたようです。

いつしか僕は、

「ここにいても、売れるわけがない。やはり、東京を目指そう！」

と心に決めるようになったのです。

というわけで、もともとピン芸人だった僕ですが、A事務所で知り合った男を相方にしてコンビを組んで、ふたりで上京することにしたのです。

どうしても苦境を抜け出したい僕らは、少しでも多くの可能性を求めて東京暮らしを始めました。

さすが東京には多くの芸能プロダクションがあり、どこのプロダクションも月に一度はライブを主催していて、それは新人発掘のネタ見せを兼ねていました。

「どこにする？」とこちらから選べるという環境だけでも、僕らにとっては天国に思えました。初めて参加したのは、B事務所のネタ見せでした。

福岡時代には、巷《ちまた》の人たちからとても厳しい言葉を浴び続けて、ふたりは自分たちのことを「つまらない芸人だ」と思い込んでいたので、会場では委縮し、

「ここにいるのは、僕らとはレベルが違う芸人ばかりなんじゃないか」

という強い不安を抱いていました。しかし、そんな僕らの心配を完全に覆すほど、ネタ見せに来ていた芸人たちは、ほとんどがレベルが低く、面白いのはほんの数組。

「何これ。マジかよ？」

あっさりネタ見せに合格して、ライブに出ることになりました。

ネタ見せに合格してライブに出演できれば、その時点から事務所の所属芸人になれると思っていたのですが、それは僕の勘違いでした。

何回かネタ見せに参加して、そのたびに合格してライブに出してもらってはいたのですが、事務所からは何も話がありません。

「別のところを受けてみようか」

と、次に行ったのはC事務所のネタ見せでした。

さすが老舗《しにせ》の大手事務所です。ものすごい数の芸人が参加していて、ネタ見せは昼から始まって延々と続き、僕らがネタをやれたのは夜の八時頃でした。

結局三回ほど受けて、やっと合格。ライブに出演したのですが、やはり音沙汰なし。

「ライブには出られるけど、所属になれない」

という、どうすればいいのかわからない状態に陥《おちい》りました。

いやー君!!
暑は夏いねー!!
うわー
こいつら
つまんねー…

俺が九州弁を全国に広げてやる

「ヒロシです。～とです」

という、九州弁は、今でも時折使っていますが、駆け出し当時は、もっとバリバリの九州弁でやっていました。

「関西弁は許されるのに、なんで九州弁はダメなんだ？　オレが九州弁のネタを全国に広げてやる！」

という思いはもちろんあったのですが、実は日常会話もままならないほど、当時の僕は九州なまりがひどくて、いわゆる標準語が話せなかったんです。

ライブのステージに上がると、バリバリの九州弁をとてつもない早口でまくしたてるというのが、僕のスタイルでした。

ライブを終えて、お客さんのアンケートを見てみると、

「何を言っているのか、わからない」

と書いてありました。実際、スベりっぱなしでウケません。

「これはマズい。方言を直さんと……」

この日を境に、標準語に変えてネタをやってみると、たちまちウケまくり、爆笑の渦となったのです……というほど、世の中うまくはいきません。


月一回しか開かれない、駆け出し芸人ばかりのライブという小さな世界にも、実はドロドロとした現実があります。

観客自体が「芸人派閥」をつくっているんです。つまり、

「ほかの芸人のネタで笑うと、ハブられる」

ということです。これは当時、数少ない僕のファンの人から聞いた話です。

もっと平たくいえば、派閥だけでなく「気に入った芸人のネタでしか笑わない」ということになるわけです。これは、なかなか難しい問題です。

「女に気に入られないと、笑ってもらえないのか？」

実際、大して面白くもないのに一組だけ極端にウケている、という現状を目の当たりに

していました。

こうしたケースの場合、必ずイケメンなんですね。

事務所としても、イケメン芸人はライブにお客さんをたくさん呼べるので、高評価となります。面白いかどうかよりも、人を集められる＝売上げが多いかどうかです。

人気商売ですから、この判断基準はもちろん間違ってはいないのですが、イケメン以外にはなかなか厳しい現実です。考えてみれば、お笑いコンビって片方がイケメンで、片方がブサイクという組み合わせが多いですよね。

あれも、そのあたりの事情が生み出した傾向かもしれません。


「また、オ○ンコか」

学生時代に続いて、芸人時代の僕もあい変わらずオ○ンコに振り回されることになるのですが、「この世のすべては、オ○ンコが決めている」のですから、それは仕方ありません。

イケメン芸人へのハンディを背負いつつ、お笑いライブに出続けていたある日、なんとかヌルッと僕らはC事務所の「預かり」となりました。

俺が九州弁を
メジャーにして
やるとでなおおおお
やるとでなおおお〜
やるとでなおおお〜
山びこ

一カ月で二万五千円

芸能プロダクションには、「所属」として契約書を交わす前段階に、「預かり」という身分があります。これは、

「所属ではないけど拘束はする」

というもので、一見不利に見えますが安心できる部分もあります。

それは、一般的に芸人の仕事はプロダクションを通して依頼されるからです。

さて、預かりの身分となってがんばっていたある日、とあるオーディションの話が舞い込みました。僕らは素直に喜んで、テレビ局の番組オーディション会場に向かいました。

とっておきのネタを携えて、やる気十分で行ったのですが、ネタは必要ないと言われたんです。

番組内容は明かされないまま面接が始まり、面接官の質問に答えていきます。

「犬は好きですか？」、「嫌いです」とか、

「高いところは得意ですか？」、「苦手です」といったやりとりばかり。

結局、何のオーディションかすらわからないまま、僕らは帰ってきました。

数日後、オーディションの結果が知らされたのですが、僕だけが合格し、相方は不合格でした。要するに、ネタの仕事ではなかったようです。

「二～三日分の着替えだけを持って、●●まで来てください」

言われた通りに指定された場所へ行くと、そこでワゴン車に乗せられ、連れていかれたのは埼玉《さいたま》県内の某所です。その番組の仕事は、「とび職の仕事を、住み込みで二カ月間体験する」というものでした。つまり、高いところでの仕事に怯えるリアクションを撮りたくて、高所恐怖症の僕が選ばれたというわけです。

「じゃあ、犬の質問は何だったんだ？」

と思ったのですが、その疑問は二カ月間暮らす宿舎に行ってわかりました。

そこでは、恐ろしい形相をした巨大な土佐犬が五匹も飼われていて、その餌《えさ》やりから散歩など、すべての世話を僕がやることになっていたんです。

そもそもチワワのような小さな犬でも苦手な僕です。いかつくて、鬼のような形相の土佐犬は、体もデカくて気性も荒い犬ですから、たまりません！　しかも五匹！　まさに地獄の日々でした。なんとか現場の高い足場からも落ちず、土佐犬にも噛み殺されずに二カ月間の体験ロケをやり終えたのですが、そのギャラはたったの二万五千円でした。

相方も僕が拘束されている間はネタの仕事が一切できず、ふたりとも泣きそうでした。友達とシェアしているアパートに帰ってドアを開けると、同じアパートに住むコロンビア人の子どもたちがプレステをやっていました。いつも鍵をかけていないのですが、これにはびっくり。

家賃は滞納になっていて、電話も止められていました。それだけじゃなく、誰かが僕の会員証を勝手に使って借りたビデオは、延滞金が八万円になっていました。

「早く芸人として売れないと、生きていけないぞ。気合い入れて、ちゃんとネタやろう！」

そう決心した僕は、相方に決意表明したんです。

しかし、僕のいなかった二カ月の間にふたりには温度差が生まれていたようで、相方は、

「俺は、もういいや……」

とつぶやくだけ。結局、彼は芸人を辞めて地元に帰っていきました。

お手……おおお手……
グルルル
グルルルー
グルルルー

金も女も手に入るホストになりたい

相方が地元に帰り、僕は再びピン芸人に戻りました。

あい変わらず、中途半端なC事務所の「預かり」という身の上でした。結局仕事は土佐犬との地獄の二カ月だけで、仕事がなければ報酬のない身分の僕は、いつも金に困っていました。

そんなとき、一緒にライブに出ていた芸人から、どうもホストの仕事がオイシイらしい、という話を聞いたのです。その芸人はブサイクなんですが、

「金がたくさんもらえる。オレは月三十八万円稼いでる」

「女がブランド品も貢いでくれる」

「もちろん、いつもモテまくりのヤリまくり」

金もらえて、モテまくるなんて、夢のような話です。

そう話すブサイク芸人は、確かに身なりが良くて、アクセサリーも高そうなものを身につけていました。

「こんなブサイクな奴でもできるのならば、俺なら、もっといい思いができるはずだ！」

と、僕は確信しました。

「俺も働きたいから紹介してくれ！」

彼は、すぐにOKと請け負ったのに、何日経ってもなかなか面接に連れていってくれません。あるときなんかは、面接の約束をとりつけたので、

「●月●日の●時に、西新宿の安田生命ビルに来いよ」

と言うので、履歴書を書いて行ったんですが、なぜか彼は一緒に展望フロアに上って景色を眺めます。しばらくすると、電話がかかってきたフリをして、

「ごめん。今日は来れなくなったみたい」

と、ドタキャンをされる始末です。展望フロアで待つ間にも、

「ホストになると便所掃除をしないといけない」

とか、急に否定し始めて、あげくの果てに「やめた方がいいんじゃないか」と言い出しました。

「三十八万もらえるんなら、便所でもなんでも掃除するわ！」

その後にわかったことですが、そもそも彼がホストをやっていたという話は、真っ赤なウソでした。芸人仲間のうちで「自分がモテる」ということを自慢したいがために、ホラを吹いていたに過ぎなかったのです。

確かになんの取り柄もないブサイクが大金を稼げるほど、ホストの世界だって甘くはないのです。

それでも僕は、金とオ○ンコが一度に手に入るホストの仕事がどうしてもやりたくて、結局自力で探すことにしたんです。

周囲の人に聞いてみると、僕の知り合いの知り合いの彼女、その彼女の知り合いが芸人で、ホストをしているといいます。しかも、店ではナンバー1だというじゃありませんか。その人は、C事務所のネタ見せにも来ていたので、面識はないものの顔は知っていました。

「ネタはまったく面白くないけど、確かにイケメンではあるな」

今度のツテは信用できそうだと思ったので、ナンバー1ホスト芸人を紹介してもらい、僕は彼がいた店でホストとして働くことになりました。

……しかし、そこで僕を待っていたのは金でもオ○ンコでもなく、人間不信に陥るような地獄の日々だったのです。

ホストはいいぜー 金ももらえて 女とも ヤリまくりよぉ
へー いいなー

地獄の日々

ナンバー1ホスト芸人とは、彼が勤めている店で会い、そのまま面接ということになりました。僕は、自分が下戸《げこ》であることが心配になり、

「お酒飲めないけど、大丈夫かな?」と聞きましたが、

「ぜーんぜん、大丈夫だよー」

と軽くOKされたので、ホッとしました。

「これで、金にも女にも不自由しないな」

とほくそ笑んでいた僕でしたが、そんな甘い世界は幻《まぼろし》で、働き始めてすぐ、激しく後悔することになるのです。

最初の三カ月間は研修期間なので時給七五〇円だということは、面接のときに聞いていましたから、そのことはいい。問題は、そのあとです。賃金は完全歩合制で、一切の時給なし。

何時間店に拘束されても、指名のないホストには、ビタ一文も給料は支払われません。酒も飲まないでOKと聞いていたのに、

「テメエが客の酒を飲まなきゃ、いつまでたってもボトルが空かねえだろうが！」

とドヤされて、毎晩ガバガバ飲まされます。

出勤は深夜二十三時で、朝まで。ときには昼まで店で働かされて、休みは日曜日だけ。そのほかの営業日は、どんな理由があっても休めば罰金です。

「熱が三十九度もあって、しんどいので休ませてください」

と嘆願しても、罰金一日三万円。インフルエンザなどの伝染病でもおかまいなし。

連絡なしの無断欠勤でもしようものなら、倍額の一日六万円。

信じられないでしょうけど、これで僕の月給は一カ月三万円程度でした。

当然ながら三万円では暮らせないので、日曜日はコンビニでバイトをしました。そっちは月四日の出勤で三万円以上もらえましたから、こんなバカバカしい話はありません。

「じゃあ、すぐに辞めればいいじゃん！」

とみなさん思うでしょうけど、ほかの同僚も辞めたがっているのに辞められない。人が減っては負担が増えるので、聞く耳を持ってもらえません。

あとは逃げるしかないわけですが、店側は無断欠勤の罰金として一日六万円で換算していて、ある程度額が大きくなったところで探し出し、強制的に借用書を書かせます。ほとんど、ヤクザの世界です。

このように、罰金がかさんでいる人は借用書を握られているので、何とも理不尽であっても辞められないのです。

それに、ホストクラブは風俗営業ですから、法律的には深夜二十四時以降の営業は本来認められていません。開店が二十三時ですから、そもそも完全に違反しているはずなんです。

ナンバー1ホスト芸人が、酒を飲めない僕でも引っ張り込みたかった理由は、彼自身が早く店を辞めたがっていて、店から、

「辞めたければ、テメエの代わりを連れてこい！」

と脅《おど》されていたからだと知ったのは、入店後まもなくのことでした。

てめーが飲まなきゃ減らねーだろーがっ!!
ひ〜〜、地獄じゃ〜〜、

逃げる

それでも、ホスト界からまったく違う世界に逃げることができれば、見つかることなく逃げおおせるかもしれません。

しかし、僕にはお笑い芸人になるという夢がありました。

もし一時的に逃げることができたとしても、ライブに出たり、テレビに出たりすれば、すぐに居場所がわかってしまいます。

芸人の夢を捨てない限り、この地獄から逃げ出すことはできなかったのです。

こうして、僕は結局三年間も、クソのような店で、クソのようなホスト生活を続けることになったのですが、やはり限界に達していました。

「もう笑いを諦めて、逃げよう……」

四年目を迎えた年の瀬に、そう決心したのです。

この店の営業は毎年大みそかまでで、新年は元日から五日までがお休みです。店長にはもちろん、ホスト仲間の友人にいたるまで、僕は店から逃げ出す計画を誰にも打ち明けませんでした。

除夜の鐘はとっくに鳴り終わり、新年の朝日が昇った頃、僕はアパートの荷物をとりまとめて熊本の実家まで逃げました。

実家に帰って、落ち着いてみてから、

「最初に出した履歴書に実家の住所書いてなかったたっけ？」

と急に激しく不安になりましたが、幸い追手がやってくることはありませんでした。


実家に戻って二カ月目を迎えた頃、東京の知人から、

「おまえの働いていた店、潰れたよ」

という連絡がありました。僕は、そう聞いた瞬間、

「俺をおびき寄せるワナかもしれないな！」

と警戒しました。十分あり得る話です。

実際、僕が働いている間に逃げ出した奴が、何人もだまし討ちにあったり、家に嫌がらせをされたりするのを、たくさん目にしていました。

とはいえ、本当に店が潰れていれば、僕は晴れて自由の身になり、再び芸人になる夢を目指せるのですから、ここはちゃんと確かめなければなりません。

早速、僕は熊本から東京に戻り、昼間のうちにこっそり店の状況を見にいきました。それとなく、周辺のお店に聞き込んでみたり、系列店をのぞいてみたりしたんです。

「本当に潰れたんだ！」

そう確信した瞬間、なんと晴れ晴れとした気分になったことか！

潰れちゃえばこっちのもの。知り合いに連絡して話を聞いてみると、経営者が逆に追われる身になったらしい、ということがわかりました。因果応報というものです。

さらりと書きましたが、この時代については話せないことばかりで、正直思い出したくもない暗黒の時代です。

しかし、実家に逃げ帰っていた二カ月間に書き溜めていたのが「ヒロシです」で始まるネタですから、人生とはわからないものです。

わーい潰れた潰れたー
ホストクラブ○×
閉店

僕をホストと呼ばないで

ホスト時代のことを思い出すと、本当に嫌気がさします。

「俺の人生、ため息ばっかりだな……」

と思ってしまいます。同時に、

「よく生きてたよな……」

と感心もします。本当に書けないことばかりなので、ここでうまく説明はできませんが、あの暗黒時代に経験したことは、人によっては首をくくってしまうようなレベルだったんです。今でも胸糞が悪くなってしまいます。


「ヒロシです」のネタで売れてからは、まああの衣装ですから仕方のないことですが、取材を受ける際によくこんな質問をされました。

「ホストやっていなかったら、あのネタはなかった?」

こう言われるのが僕は大嫌いなんですね。ときには、

「別に関係ねえから!」

と怒鳴りたくもなります(怒鳴りませんけど)。

「あのクソのような世界からは、何ひとつ生まれてないぞ!」

そう、きっぱり言いたいのが、僕の偽《いつわ》らざる心境です。

あの金髪&スーツ姿は、決してホストキャラではありません。

芸人としての活動を復活させて、ステージに上がろうと思ったときに、人前に出られるような衣装はあのスーツしかなかっただけなんです。

確かに僕は、ノーネクタイで襟を出してスーツを着こなしてはいます。でも、それは過去にホストをやっていたせいで形成されたイメージにすぎません。

僕のネタを熱心に聞いてくれたファンのみなさんはご存じだと思いますが、ホスト経験をネタにしたことは一度もありません。

ところで、最近になってひとつだけ気がついたことがあります。

それは、店を逃げ出すときに芸人になる夢は捨てたはずなのに、なぜ実家に帰ってから、またネタを書いたのかということです。

実は、ホスト時代にこんなことがありました。

同じ地獄の住人であった先輩に、突然こんなことを聞かれたんです。

「おまえは、何か夢とかないわけ？」

夢を語り合うような環境でも、関係でもなかったのですが、別段照れるわけでもなく、なぜだか僕は自然にこう答えました。

「俺は、お笑い芸人として食っていきたいんです」

吹きだしたり、バカにされたり、否定されたりするだろうと思っていると、彼はまじまじと僕の顔をみて、確かにこう言ったんです。

「そうか。おまえならなれるよ。そんな気がする」

普段、とりわけ冗談がうまい方でもなく、明るくおどけるわけでもない僕です。どちらかというと、明らかに暗いタイプでした。芸人らしさはどこにもない。

彼はどんな気持ちでそう言ったのか？　まったくの謎ですが、この言葉は僕の人生の中で、間違いなく背中を押してくれた言葉のひとつです。

俺お笑い芸人に
なりたいんです
お前ならきっと
やれるぜ
必勝
カキ
カキ
カキ

ヒロシ、ライブに出まくる

東京に戻った僕は、本格的にお笑いのライブに出まくることにしました。

必死になった理由は、ただひとつ。

「ホスト時代の三年間で、完全に後れをとってしまった」

という強い焦りからでした。僕は、すでに三十二歳になっていて、同期だった芸人たちは、テレビにもちょくちょく出るようになっていたのです。

活動の場は、フリーの芸人ばかりが集まるライブに絞りました。

「芸能事務所が売ってくれるわけではない。自分でどうにかするしかないんだ」

当時の僕はそう気づき、どこにも頼らず、自分の力でやってみようと考えていました。

実際、当時人気のあった芸人の中には、フリーとしてひとりで活動されていた人もちょこちょこいたのです。

出演したライブは、月二十本ぐらい。

出演者にはチケットノルマがあって、一定枚数を購入して売りさばかなければなりません。一枚五〇〇円のチケットでも、月二十本も出ていれば、けっこう大変です。

実際に完売できることはほとんどなく、足りない分は一生懸命バイトをして穴埋めすることになります。それでも、

「出られるライブは、すべて出よう!」と必死になっていたのです。ほぼ一年間、毎月二十本程度のライブに出続けていた僕に、ある日こんな連絡が入りました。

「ネタ番組のスタッフが、君のことを探している」

そう聞いたときには、ついに願ってもないチャンスが訪れたと興奮したものです。

僕も目にしていたのですが、いろいろなライブ会場にネタ番組のスタッフがカメラを携えてよく来ていました。出演者を探しにきていたんです。

事務所に所属している芸人と違い、フリーの芸人には本人の電話しか窓口がありませんから、無名のうちはテレビ局もすぐに連絡がとれないわけです。

この情報を持ってきてくれたのは、ある芸能事務所の人でした。

僕はフリーとして番組に出ようと思ったのですが、話を聞いてみると、「窓口（になる事務所）が必要なんです」

ということでした。どうも、得体の知れない男を直接扱うわけにはいかないらしい。確かに、その言い分はわからないでもありませんでした。

「とりあえず、ウチで君の番組出演を預かってもいいかい？」

とその人が言ってくれたので、所属を決めるわけでもないし、このチャンスを逃さないことを最優先して、お任せすることにしたのです。

すると、その夜、僕の元に、その事務所ではない、サンミュージックから電話がかかってきました。

「ヒロシ君。君のことは、うちでやることになったからね」

「えっ？　別のところから話があったんで、お任せしたばかりですが……」

「それなら、もう話はついてるから」

「何すか、それ!?」

「まあ、とりあえず今回の件だけだから。よろしく」

無名のピン芸人の決心など、大人の事情の前には風に舞うホコリのようなものなのでしょうか。

見つけたぜ
キラッ

すべてが人生の岐路でした

番組出演が決まり、窓口となる事務所が決まったからといって、すぐにテレビに出られるというほど、お笑いの世界は単純ではありません。

「単純な方がいいじゃないか」

と僕自身は思いますが、さまざまな大人の事情が渦巻く芸能界ですから、そうは問屋が卸さないわけです。事務所の手配で、さまざまな番組のオーディションが持ち込まれてくるんですが、このとき次々と無理難題を吹っかけられます。

ある番組の打ち合わせに行くと、

「スーツじゃなくて、ジャージにしてください」

なんて言ってきます。さらに、

「ジャージに『ひろし』と書いたゼッケンをつけて、チャンチャンコを着てください」

さらに、

「ネタは用意してあるので、こちらのネタでお願いします」

実に失礼な話です。

一年間毎月二十本のライブをこなして、お客さんの前でじっくりつくり上げてきたネタです。僕は自惚《うぬぼ》れではなく、「ヒロシです」で始まる一連のネタは、完成されたスタイルなのだと確信していました。

それに用意されたネタは、あまり面白くない！

テレビ出演は、喉《のど》から手が出るようなありがたい話ですが、やっぱりなんでもいいというわけではありません。

「それは、さすがに勘弁してください」

とお断りすることにしたのです。

また、別の番組ではこう言われました。

「君のＢＧＭは、古臭い。もっとイマ風のウケる楽曲に変えなさい」

僕がネタ中にかけているのは、ペピーノ・ガリアルディというイタリア人歌手が歌っている『ガラスの部屋』という曲ですが、あの旋律こそ僕の自虐ネタの雰囲気を盛り立ててくれる大切な要素なんです。

単純に流行に合わせればいい、というものではありません。

当時の僕にとってみれば、テレビ出演のオファーは二度とはないチャンスです。

しかし、もし注文された通りに、ジャージを着て、名札をつけて、チャンチャンコを羽織って、流行のナンバーを奏でて、

「ヒロシです……」

とやっていたら、本当に僕は一時でも売れることができたのか？

少なくとも今の僕は、あのとき拒んでいて良かったと思っています。

結局、そのほか多くの番組オーディションに出させてもらって、そのままネタをやらせてもらうことができました。

結果的に運よく売れることができたため、件《くだん》の無理難題を言ってきた番組も、その後はそのまま自分のネタ、スタイルでやらせてくれました。

あとから考えれば、すべてが人生の岐路であったという、少し怖い話です。

えーーっ
番組ではこれを着てください
ひろし

第四章 釣りとキャンプ

釣り友、デ・ニーロ

小学校三年生で始めた釣りですが、色気づく年頃になると、魚よりも女を釣りたい&ヤりたいばかりで、すっかり忘れてしまいました。

しかし、釣りへの気持ちはなくなっていなかったようで、九州を離れて上京してみると、なんだか無性《むしょう》に釣りがしてみたくなったんです。

そこで、地図を開いてみると、東村山市《ひがしむらやま》というところに大きな池があったので、とりあえず釣り道具も持たずに電車で見にいきました。

上京したばかりで、土地勘のない僕には、住んでいる町からその大きな池までの距離感がまったくつかめません。気軽に出かけたのはいいですが、実際はものすごく遠いところでした。何時間もかけて、その池に到着してみると、周囲がすべて金網のフェンスで囲まれているではありませんか。なんと全面的に釣り禁止！

あとで調べてみると、この池は通称「多摩湖《たまこ》」と呼ばれる「村山貯水池《むらやまちょすいち》」で、水道局が管理する東京都の貯水池でした。

遠出したあげくに、出鼻を挫《くじ》かれてしまいました。


暗黒のホスト時代、売れた芸人時代と数年が過ぎ去り、久しぶりに静かな日々を迎えた頃、また釣りへの気持ちがムラムラと蘇《よみがえ》ってきました。

今度こそ、本格的に釣りを始めようと釣具店に行きました。

ひとりの店員を見つけて、聞いてみました。

「あのう、釣りを始めてみようと思うのですが」

「何が釣りたいの？」

「釣れる魚の名前もよくわからないんです」

「それがわかんないと、何も教えられないよ」

「……」

その店は某有名釣り具チェーンでしたが、なかなか厳しい対応です。こいつに聞いても仕方ないと思った僕は、その足で別の釣り具屋に行きました。そこで、同じ質問をぶつけ

てみると、

「何が釣りたいの？」と、まったく同じ反応です。

「それが、何を釣りたいのかもわからないんです……」

「なるほど。じゃあ、ルアーのシーバス釣りとかどうです？」

シーバスとはスズキと呼ばれる大型の魚で、東京湾奥の海にもたくさんいる人気ターゲットです。ルアーとは、疑似餌《ぎじえ》のこと。

「こんなオモチャで魚が釣れるわけがない」

と思ったのですが、親身な店員に薦《すす》められるがまま、竿とリール、ルアーなどを購入して、とりあえず手近な海に行ってみることにしました。

ロバート・デ・ニーロのモノマネでおなじみ、先輩芸人のテルさんを誘って、ある大きな川が流れ込む河口で初ルアー、初シーバス釣りです。

テルさんも僕と同じ、まったくの初心者だったのですが、信じられないビギナーズラックで、ふたりともデカいシーバスを釣ってしまったのです。

「ほんとに釣れた！　めちゃくちゃ面白い！」

ふたりとも、この瞬間が釣り人生最高のときになるとは知る由《よし》もなく……。

おー
やったー!!

釣り好きに悪い人はいない、わけがない！

海に来て、ルアーを投げて巻いたら釣れちゃった僕たちは、ビギナーズラックで釣り運を使いきってしまったかのように、その後転げ落ちていきます。

まず、釣ったばかりのテルさんに不幸が訪れました。

海から釣り上げて、バタバタ暴れているスズキの口から、ルアーを外そうとして、

――グサリ！

指先からじわじわと血があふれ出してきます！

ヒレが鋭いトゲのようになっているスズキを押さえて、トリプルフックと呼ばれる三本針が二つもついたルアーをその口から外すときは、本来ペンチを使わないとケガをします。

そんなことをまったく知らない僕らは、素手で外そうとしていました。

釣針には、「かえし」と呼ばれる逆行したトゲがあるので、いったん刺さると簡単には抜けません。

結局、ルアーが手に刺さったままのテルさんは、病院送りです。

しかし、デカいスズキの鋭い引きが忘れられない僕は、数日後にはまた釣りに出かけてました。……が、今度はまったく釣れません。

次のときも、また次のときも、またまた次のときも、東京湾からスズキが一匹もいなくなったんじゃないかと思うほど、釣れない釣りばかりが続きました。

そんなある日のことです。事務所の人が、

「釣り番組をやらないか？」

という話を持ってきてくれました。

CSテレビ朝日『ヒロシ釣り紀行！』という番組で、月に一回プロの釣り師と一緒にロケをするというものでした。

この番組自体は五年間続き、それなりに好評でした。それは良かったのですが、この番組をきっかけにいくつか〝事件〟が起こります。

まず最初は「ジャガー事件」です。

この番組の初期の頃、海の磯でやるメジナ釣りをプロに教えてもらいました。そのプロは、Tさんという凄腕の釣り師で、釣りトーナメントでも必ず上位に食い込んでいる、釣りの世界では全国的に有名な人でした。

その人から直伝で、「コマセ」と呼ばれるまき餌の打ち方を教わった僕は、プライベートでも、ひとりでメジナ釣りにいくようになったのです。

コマセには「オキアミ」と呼ばれる冷凍エビをブロック状にしたものを溶かして使うのですが、これを入れたバケツをなんと愛車の中でぶちまけてしまったのです。

当時の僕の愛車は、それはそれは美しい真っ白なジャガーでした。しばらくの間、僕のジャガーの車内には、エビの強烈な発酵臭が充満していました。

続いて「まさかの連続窃盗事件」です。

もちろん僕がやったのではありません。

やってしまったのは、僕にメジナ釣りの手ほどきをしてくれたTさんでした。

釣りに出かけた先々で犯行を繰り返していたという事件に、本当に驚きました。

「釣りが好きな人に悪い人はいない」

確か、釣りキチ三平がそう言っていたと思うのですが……。

最近
あの人見ない
ですねー
あの親切な人
捕まったよ
窃盗で

自称「釣り好きグラビアアイドル」が嫌いです！

「釣りに興味があります！」

という女を、僕は信用しないようにしています。

「キャンプが好き！」

という女も同じです。安易にその言葉を信じてはいけません。


「ヒロシは釣り好き」

ということが、釣り番組をやらせてもらったおかげで業界に認知されるようになり、釣りの仕事が増えていた時期があります。

その仕事のひとつが「芸能人釣り大会」です。

大会会場となったある港に行ってみると、確かに釣り好きで知られる大物俳優や売れっ子のタレントたちが来ていました。

しかし、その周りに「釣り好き」を自称するグラビアアイドルが何人もいるじゃないですか。取材を受けているのを盗み聞きすると、意味もなく「好きだ！」とあいまいな言葉を繰り返しているだけで、日頃やっていないことがバレバレ。

「釣りに興味があるフリをしやがって……」

ついつい、心の中でそう毒づいてしまいます。

僕がこの手のグラビアアイドルが嫌いな理由は、本当の釣り好き芸能人の仕事を「興味があります！」という一言で、持っていってしまうからです。

「俺の仕事をとるんじゃねえ！」


さらに悔しいことに、たびたび開催される芸能人釣り大会では、たいてい彼女たちの方が僕よりたくさん大きな魚を釣って、すべての賞品を持っていってしまうのです。

「ヒロシより釣りがうまいなら、しょうがないじゃない」

なんてことは、断じてありません。実は、芸能人釣り大会の待遇には歴然とした「格差」があるんです。

大会では、大型クルーザーから小さなモーターボートまで、芸能人の格付けによって、割り振られる船が違います。

大物俳優、売れっ子タレントには大型クルーザーが用意されますが、一発屋という最下層の扱いを受ける僕は、波間に揺れる木の葉のように小さなモーターボートです。

そして許せないことに、なぜか自称「釣り好きグラビアアイドル」は、当たり前のように大型クルーザーに乗っていきます。

船釣りなんて、船の機動力の違いで勝負は決まるものです。

とてもモーターボートでは行けない海域にやすやすと乗り込んで、あとは魚の前にルアーを落とすだけですから、この違いはハンディなんかじゃなく、もはや差別。

最後に表彰式があるのですが、賞品は超高級なリールや竿、沖縄旅行までズラリと並び、それらをグラビアアイドルたちが根こそぎ持っていってしまいます。

「このリールで、また釣りにいきたいです〜」

「ふざけんな、絶対行かないくせに。釣りを語るんじゃねえ！」

僕は参加賞の「防水ミニバック」を手に、またもや心の中で毒づくのでした。

おい!!仕事とるなよ!!
私釣り好きなんですぅ〜
プリ
プリ
プリ

イケイケ派手めの釣りたガール

危険なのは、自称「釣り好きグラビアアイドル」だけではありません。

ある日、見た目派手めのイケイケ女が、

「私も釣りいってみたーい」

と僕に話しかけてきました。かなりカワイイ子で正直僕のタイプです。

釣りに興味があるという女を信用しないように、十分警戒はしていたのですが、

「釣れなくったって、楽しいかも……」

という気持ちが勝ってしまい、テルさんを誘って行ってみる気になりました。

「もうひとり、一緒に行ける女の子いない？」

「あと、ふたりいるよ」

男ふたりに女三人！　その瞬間、僕の警戒心は完全に吹っ飛んでしまいました。

当日の朝、彼女ら三人の家を車で回って迎えにいくのですが、それぞれ遅刻しまくりで、まったく予定通りにいきません。

「朝マズメ」という釣り用語があります。これは夜明け前後の釣りの絶好機で、魚が最も活発に餌《えさ》を食べるお食事タイム。

「早く行って、早く釣りたい！」

そう、焦るテルさんと僕をよそに、後部座席の派手めトリオは、遅刻を詫《わ》びるわけでもなく、気遣いトークをするわけでもなく、ふたりのタレント（僕ら）を持ち上げるわけでもなく、内輪話をくっちゃべっています。そもそも、露出度の高い（これは歓迎だけど）ワンピースにハイヒールって、釣りにいく恰好じゃありません。

「六本木にでも行く気かよ！」

早くもそう毒づきながら、悪い予感に苛まれ始めました。

釣り場のある千葉《ちば》県勝浦《かつうら》市に到着した頃には、とっくにお天道様《てんとさま》は高く昇り、朝マズメは過ぎ去っていました。

僕はそもそも、エサ釣りが嫌いです。ルアー釣りは、釣り糸にルアーを結びつければ、すぐに釣りができますが、エサ釣りはそうはいきません。複雑な仕掛けをつくるのが面倒ですし、なにしろ臭いエビや気持ち悪い虫を素手で触り、いちいち釣針につけなければいけないので嫌なんです。

自分だけでも面倒なのに、女三人分の世話をテルさんとともに焼かなければならないわけで、とても落ち着いて釣るどころではありません。

しかも彼女たちは、釣り始めて一時間もすると完全に飽《あ》きてしまい、つまんなそうな表情を隠そうともしません。

「やっぱり、連れてくるんじゃなかった」

すべての魚が昼寝をしているらしい海に釣り糸を垂れつつ、激しく後悔しました。

せめて、潮風を浴びてベタベタする体をさっぱりさせたいと思い、帰りの車の中で、

「銭湯入りません？」

と隣のテルさんに尋ねたんですが、後部座席から信じられない一言が……。

「早く帰りたい……」

今後一切「釣りたガール」は信用しません。

なんか飽きてきたわねー
ねー
・・・・

釣りパラダイスに住んだつもりが……

釣りやキャンプなど、意外にもアウトドア派の僕が、田舎暮らしに憧れるのは当然かもしれません。一時は『田舎暮らしの本』という雑誌を定期購読していたぐらいです。その雑誌の巻末には、古民家の物件がまとめられていて、あれやこれや空想しながら読むのが楽しかったんです。

「海も近くて、釣りもできるな」

「この古民家、味があっていいな！　畑もついてるのか」

都内のマンションなどと違って、田舎の物件はとにかく安いですから、十分手が届くものばかりです。田舎といっても、千葉県の物件ですから、仕事が入っても都心まで車で一時間ちょっとしかかかりません。

「よし、見にいってみるか！」

夜中に思い立った僕は、雑誌に載っていたとある物件を目指して、愛車のジャガーを走らせました。しかし、到着してみると想像以上に真っ暗なんです。

「こんな暗いところ、怖くてひとりで住めんわ」

我ながら情けない理由で、あっさり田舎暮らしはあきらめました。

次に目をつけたのは、神奈川《かながわ》県川崎《かわさき》市の物件です。それも、多摩川の河口付近に面したエリアで、近くにはシーバス釣りのポイントがありました。

「ここに住めば、仕事前にも釣りにいけるな！」

すぐに引っ越しを決めて移り住んでみると、このあたりはちょっと治安が悪いんです。夜になると、いつも近所に暴走族がたむろしています。

「夜釣りは怖いな」

という不安は感じましたが、朝マズメ、夕マズメは誰よりもポイントに早く入って釣りができるのですから、僕にとってはパラダイス。のはずでした。

シーバス釣りは首都圏の釣り人には人気があるので、週末はポイントが人だらけになります。せっかく近所に住んでいるので、人の少ない平日の朝夕を狙ってみたのですが、いつも同じ顔ぶれが陣取っているんです。しかも、そいつらはチーム化していて、徒党を組み、僕を締め出そうとしてきます。

空いている場所に入ると、僕がルアーを投げられないように、ポイントを遮《さえぎ》る形ですぐにルアーを入れてきます。チマチマした嫌がらせを組織立ってやってくる。

「なんだよ！　邪魔するな！」

ときにはケンカ腰になる僕ですが、向こうは大人数なので、どうにも強気です。

そのチームにはリーダー格のオヤジがいるんですが、このオヤジときたら朝だろうと昼だろうと夕方だろうと、いつもその釣り場に来て竿を振っています。

「いつ働いてるんだ？　どんだけ暇なんだよ！」

そう思うのですが、朝だろうと昼だろうと夕方だろうと来ているオヤジに会うということは、僕もまったく同じレベルの暇人であることになります。あまりにしょっちゅう顔を合わせるので、そのうちオヤジが話しかけてきました。

「ああ、その糸の結び方じゃダメだよ〜。教えてあげるよ。まずこうして……」

と釣りの講義を始めてしまう、どこの世界にもいる言いたがりです。

「仕事前に二時間だけ、釣りをしよう！」

ささやかな僕の二時間は、こうして一回もルアーを投げることなく過ぎ去ったのです。

さぁ思いっきり釣るぞー
いやいやここは俺らのシマだから

ソロキャンプ

テレビに出なくなった頃にハマった趣味は釣りでしたが、最近はキャンプにばかり行くようになりました。

といっても、たぶん僕のキャンプはみなさんが想像するものとは、だいぶスタイルが違うんじゃないかと思います。

「ソロキャンプ」

それは文字通り、ひとりでやるキャンプのことです。

僕も最初の頃は、グループでキャンプに行ってました。でかいテントを張って、バーベキューをして、みんなで肉を焼いたり、やきそばをつくったり、キャンプファイヤー……

まではしないものの、ワイワイにぎやかにやっていました。

しかし、楽しいことは楽しいのですが、どこか違和感があるんです。

「俺は、何に引っかかっているんだろう？」

よくよく考えてみると、僕は「みんなでワイワイ」というのが、子どもの頃から苦手だったんです。このことに気がついた僕は、

「よし、ひとりでキャンプに行こう！」

と決意して、早速一人用のテントを買い、とある山中に向かいました。結果は、

「怖過ぎて、眠れない……」

人けのない山中って、静かなものだと思ったら大間違いです。食事を済ませてテントに入り寝袋に潜り込むと、いろんな音がすごい迫力で迫ってきます。

吹きすさぶ風の音、その風によって激しく揺さぶられる木々の音や舞い散る木の葉の音、得体のしれない生きものの鳴き声などが、僕のテントを取り囲むようにして、うなり続けます。決して、暴風の日ではありません。

お酒でも飲んで、適当に酔っぱらっていれば眠れるかもしれませんが、僕はお酒が飲めません。目はぱっちりと冴《さ》え続け、恐怖に震えながら夜明けを待つ、という最悪の状況でした。

「やっぱり、誰かを誘っていこう」

ということにしましたが、ワイワイキャンプはお断りです。そこで考えたのが、ソロキャンパーが集う、いわば「それぞれキャンプ」です。

参加者は、それぞれ一人用テントをはじめとしたキャンプ用品の数々を用意して、食糧も自分で食べたいものを、自分の分だけ持っていくというスタイル。

人の少ない静かなキャンプ場を選んで、そこに一人用テントを並べます。食事のとき、ある人はひとり焼肉を、またある人はラーメンとチャーハンの定食をつくる。料理好きの人は、オリーブオイルだのアンチョビだのを持ってきて、「アヒージョ」なるおしゃれな料理を披露。

これがまた実に楽しいいんです。

「これこそ俺が求めてきたキャンプだ！」

そう、しみじみと実感しました。夜も怖くないですしね。

僕は、自然が好きです。なんて言うと、

「ヒロシもナチュラリストなんだな」

と誤解されますが、僕の場合はただひたすら「人間が怖い」と同じ意味なんです。

うん
みんな
楽しそうだな
スピー

ヒロシ、大自然に囲まれながら愚痴る

ソロキャンプを始めてから、その様子を動画で撮影して、ユーチューブの「ヒロシちゃんねる」でこっそり公開しています。

その影響なのか、最近「ヒロシはキャンプの人」と認知されるようになりました。

ドッペルギャンガーアウトドア（DOPPELGANGER OUTDOOR）というブランドからオファーがきて、「芸人ヒロシ公認 ぼっちキャンプセット」なんていう商品化に協力したり、イメージキャラクターをやったりしていることもあって、時折メディアの人から取材がきます。

しかし、

「テントに旗とかで飾りつけするんですよね？」

「ダッチオーブンで、七面鳥を焼いたりするんでしょうか？」

そんな質問を浴びているうちに、僕はだんだん「うーん……」となってしまいます。

それは、相手が思い描いているキャンプと、僕のキャンプがまったく違うものなので、一向に話が盛り上がらないからなんです。

一般的に思い描かれているキャンプ像は、テントに旗をつけたり、バーベキューコンロでデカいスペアリブを塊のままローストしたり、燻製《くんせい》をつくったり……といった大がかりなファミリーキャンプで、それはそれで否定はしませんが、僕のキャンプとはまったくの別もの。

趣味のキャンプが仕事につながればうれしいのですが、心にもないことをやったり、話したりするのは、仕事といえどもどうにも苦手なんです。

実際、テレビドラマなんかに出てくるキャンプの様子は、いつもそんな感じな気がします。

いいパパ風の著名人が、デカい車にごっそりキャンプ用品を積み込んで、キャンプ場に到着します。

ダッチオーブンどころか、ヘタな住居用のそれよりもしっかりしたダブルのコンロに、風よけや調理台までついた折りたたみ式のキャンプキッチンをひっぱり出して、ものすごく凝《こ》った料理をつくっちゃう。食卓となるテーブルもアルミ製の立派なやつで、家族で囲む自宅と変わらないような食事スタイル。キャンプ場は、コンセントを完備しているところで、テレビも見られるし、コタツを置く人までいる。

しかも、そのキャンプ場はホテル並みの料金で、子どもはキャンピングチェアにふんぞり返って、スマホでゲームしてたりします。

その様子は、もはやキャンプではなく引っ越し。

「ホテルに泊まって、ハイキングすればいいじゃん」

大自然に囲まれながら、ついつい愚痴ってしまいます。

日常からしてせわしない我々日本人のキャンプは、所詮一泊二日というのがほとんどです。もっと手軽に、もっと金をかけずにやれると思うのです。

そもそもこの手のファミリーキャンプのテントはデカ過ぎるし、シーズンもなぜか夏限定だし……などと愚痴が次から次へと出てきてしまいますが、よく考えると、僕もその隣にテントを張って、暗い目をしながら観察しているわけで、ソロキャンプといいながらも寂しいので、決して単独ではなく、常にソロキャンプ仲間が周りにいるという……。

「俺も結局、同じ穴のムジナか⁉」

そう、思ってしまうのも事実です。

ズズズ
ダッチオーブンで七面鳥とか焼くの？
…いや

ヒロシキャンプな人々①

「みんなでワイワイが苦手」というキャンプ仲間が、いつの間にか僕の周りに集まってきました。

最初にキャンプへ一緒に行ったのは、うしろシティの阿《あ》諏《す》訪《わ》泰《たい》義《ぎ》君でした。

阿諏訪君と出会うまでの数年間、僕はずっと、

「キャンプには行きたいけど、大勢と行くのは嫌だし、ひとりというのも……」

と悶々としていて、彼も同じようなマインドだったようです。

すぐに意気投合した僕たちは、お互い人見知りであることも乗り越えて、出会って三日後というスピードでキャンプに行きました。

阿諏訪君はキャンプの知識が豊富で、優れた道具を見つけてくる才能に長《た》けています。

当初、彼がカンフー映画に出てくる青竜刀のようなデカいナタを持ってきたとき、僕はバカにしてからかっていたのですが、実際にキャンプに行ってみると、炊きつけ用の木を切ったり、藪漕《やぶこ》ぎをしたりするときなど、実用性が高く、とても便利なんです。

今でも、メンバーの中で常に一歩先を行っており、

「阿諏訪君が買ったものは、マネしとけ！」

というぐらい、キャンプ賢者として尊敬を集めています。

彼と出会わなければ、いまでも悶々としたまま、キャンプに行けない日々を送っていたかもしれないのですから、このめぐり合いは僕にとって大きなものでした。

次に加わったメンバーは、かつてムートンというお笑いコンビを組んでいた元芸人の島《しま》田浩史《だひろふみ》君。今の彼は、芸能界を引退して、愛知《あいち》県に住んでいる普通のサラリーマン。

島田君以外のメンバーは全員東京在住ですから、当然キャンプ地は関東近郊になります。

この条件は、愛知県在住であり、一般企業の勤め人でもある彼には不利なはずですが、参加率が最も高いという驚異的な人なのです。

「オレは、キャンプのために働いているんだ！」

と言い放つ島田君は、好きなキャンプ用品を揃えたい一心で仕事に精を出し、その結果、

ダントツの営業成績を叩き出し続けている、ナンバーワンの営業マンというからすごい！　仕事ができて、会社に大事にされているからこそ、休みたいときに休めるということにもなり、ウイークデーのキャンプにも車で五～六時間かけてやってくるという強者です。

三番目は、バイきんぐの西村瑞樹《にしむらみずき》君。西村君はデータ派のキャンプ用品マニアで、道具のウンチクにもかなりうるさく、ときにはメーカーの歴史まで、そのデータを調べ上げ、滔々《とうとう》と語り出すという実に困ったクセがあります。あるとき、彼は四万円もするクーラーボックスを購入して、キャンプメンバーを驚かせました。

「このクーラーは、医療現場で移植用の臓器を運ぶやつ。そこいらのとは冷えが違う！」

そう言って、普通の食材を取り出したりするので、笑えます。

「しかも、クマに襲われても大丈夫！　めちゃくちゃ丈夫なんだよ」

そのときのキャンプ場は神奈川県でしたが、西村君はアラスカあたりでキャンプをしているつもりなんでしょうか……と書いてから、念のため調べてみると、神奈川県にもツキノワグマは生息しているらしい！　このクーラーの役立つときが、案外くるのかもしれません。

臓器運ぶクーラーボックスは冷えが違うでしょー
わははー

ヒロシキャンプな人々②

四人目のソロキャンプ仲間は、ウエストランドの河本太《こうもとふとし》君。河本君は、とにかく寡黙《かもく》です。僕はおしゃべりな人よりも、静かな人のほうが付き合いやすいのですが、河本君とキャンプに行くようになったきっかけが印象深い。

さきほど登場した阿諏訪君、西村君とは、仕事先でもよく一緒で、顔を合わせればキャンプの話ばかりをしていました。その後ろで、黙って話を聞いているのが河本君だったのですが、話に入ってくるわけでもなく、半年ほどの間、彼はただ聞いているだけでした。

ある日、僕がキャンプで撮影した編集動画をみんなに見せていると、興味が薄い芸人仲間は次々と去っていき、ふと後ろを振り返ると河本君だけが食い入るように見入っていたのです。それまで、僕は河本君と話したことがなかったのですが、

「キャンプに興味あるの？」と聞きました。すると、

「凄く興味があるんです！」と。

「なんて、奥ゆかしい奴なんだ……」

後に聞いたら「自分なんかが先輩たちのキャンプ話に入ることは、図々しく思われるのではないか？」と思っていたらしく、半年間も黙って話を聞いていた彼の奥ゆかしさに、僕は感動すら覚えました。そもそも、僕のキャンプ話に食いついてきたのは、河本君の相方である井口浩之《いぐちひろゆき》君でした。

ウエストランドのネタを見たことがある人は、わかると思いますが、どっしり構えている河本君と違い、井口君はマシンガントークで、とにかくまくしたてるキャラクター。普段のノリもあのままです。

僕が話すキャンプネタを耳にしていた井口君は、いつしか耳学問でキャンプの知識が身についてきて、キャンプについて饒舌に語れるようにまでなりました。

しかし、実は井口君、キャンプ自体はまったく好きではなく、あくまでトークのネタにしているだけで自分が行く気はまったくありません。

こうして、奥ゆかしく寡黙な河本君も加わり、ヒロシキャンプはますます「反ワイワイ派」となっていったのです。

最後のメンバーは、スパローズの大和一孝《やまとかずたか》君です。

キャンプメンバーとしては、新人の大和君ですが、彼は福岡の頃からの仲間で、付き合いは二十一年にもなります。

彼は、とにかくよくしゃべります。

キャンプに来るとテンションが上がり過ぎて、嬉ションをする犬のごとく、ものすごいマシンガントークを大自然の中で繰り広げます。

「キャンプは、無理をして行くのがかっこいい!」

なんていう間違った認識も持っていて、仕事で忙しいときには、深夜に現れて早朝に帰るという荒業をくり出します。相方の森田悟《もりたさとる》君からは、

「ネタ合わせの日、朝までキャンプに行っていて、そこでしゃべり過ぎたとかで、ネタ合わせのときに一言もしゃべらなかった……」

という苦情も耳にします。

この五人のメンバーに囲まれて、僕は暇を見つけては、せっせとキャンプにいそしんでいるわけですが、思えば全員がどちらかというと、人見知りするタイプの男たちです。

ちょっと奥ゆかしいオッサンたちが、一人用テントを張って集まる一夜もいいものです。

君、キャンプは興味あるの…？
はいっ!!

あとがき

この本を何人が買ってくれて、そのうち何人が買っただけでなく、読んでくれたのかわかりませんが、あとがきまで読んでくれたあなたは、奇特な人です。

最後まで読んでくれて、ありがとうございます。

まえがきで書いた通り、期待しないで読んでくれたから、ここまでたどり着けたのでしょう。

読み終えて、あなたの人生を変える気づきも癒しもなかったと思いますが、校正のときに改めて、全文通して読んでみたときに自分で気づいたことがあります。

「意外に、俺がんばってきたんだな……」

バンド、恋愛、ナンパ、新興宗教、ちょっとだけサラリーマン、ホスト、芸人……いろいろやってます。

その原動力は、すべてモテたい！　という欲望でした。

男を動かす、女性のチカラってすごいです。

生まれつき、何事にも億劫《おっくう》でネガティブ思考、ものすごく人嫌いな僕をお笑いのステージにまで上げてしまうんですから。

男の〇ンコには、そんなチカラはありません。


十年前に「ヒロシです」のネタでブレイクし、分刻みの忙殺《ぼうさつ》スケジュールに追われた日々をもう一度味わいたいとは、まったく思いません。

だけど、最初のきっかけはオ〇ンコでも、今も、僕はお笑いが好きです。

僕の嘆きを聞いて、みなさんが笑ってくれる……その時間のために生きているといっても過言ではありません。

そのためなら、少しだけはがんばれます。

ヒロシ

ヒロシ
1972年熊本県生まれ。
ピン芸人として、「ヒロシです。」のフレーズではじまる自虐ネタで大ブレイク。著書には、シリーズ50万部を突破した『ヒロシです。』『ヒロシです。2』（扶桑社）をはじめ、『ヒロシです。華も嵐ものり越えて』（東邦出版）、私小説に『沈黙の轍 ずんだれ少年と恋心』（ジュリアン）がある。2015年に発売した日めくり『まいにち、ネガティブ。』は10万部を超え、メディアでも話題に。現在は、同年オープンしたカフェ＆カラオケ喫茶「ヒロシのお店」を経営しながら、お笑いライブなどの芸能活動を続けている。

「モテない人」と「仕事がない人」の習慣
ダメ男、38のエピソード

2016年4月25日　初版第1刷発行
2016年5月 2 日　初版第2刷発行
著者　ヒロシ
絵　小田原ドラゴン
発行人　長廻健太郎
発行　バジリコ株式会社
〒130-0022
東京都墨田区江東橋3-1-3
電話　03-5625-4420
ファックス　03-5625-4427
http://www.basilico.co.jp

協力　佐方麻緒（有限会社 ヒロシ・コーポレーション）
プロデュース　西田貴史（manic）
企画・編集　二本木志保（manic）
写真　中島聡美
デザイン　松田剛、尾﨑麻依（東京100ミリバールスタジオ）

印刷製本　モリモト印刷

ISBN 978-4-86238-230-6